昭和16年12月、第24師団長時代の根本博中将

根本中将は、昭和19年冬、関東軍第3軍司令官から駐蒙軍司令官に転出した。写真上：満ソ国境の警備につく関東軍の兵士。下：関東軍第63師団兵士の兵器引き渡しの様子

NF文庫
ノンフィクション

新装版

四万人の邦人を救った将軍

軍司令官根本博の深謀

小松茂朗

潮書房光人新社

本書は終戦後もソ連軍から邦人を守った根本博中将の生涯を描いています。

昭和十九年冬、根本は関東軍から駐蒙軍司令官として張家口に赴任。ソ連軍と対峙した彼は戦略家としての才を発揮し、八月九日に侵入した敵を食い止め、終戦にいたります。

昭和二十四年、親交のあった蔣介石に請われて台湾に渡り、国民党軍として台湾金門島で戦い、中国共産軍に勝利します。その後帰国、昭和四十一年に生涯を閉じました。

四万人の邦人を救った将軍――目次

第一章　堅固な決意

第二章　暗夜の戦闘

第五章　人間の価値

第六章　戦略の勝利

第七章　将軍の春秋

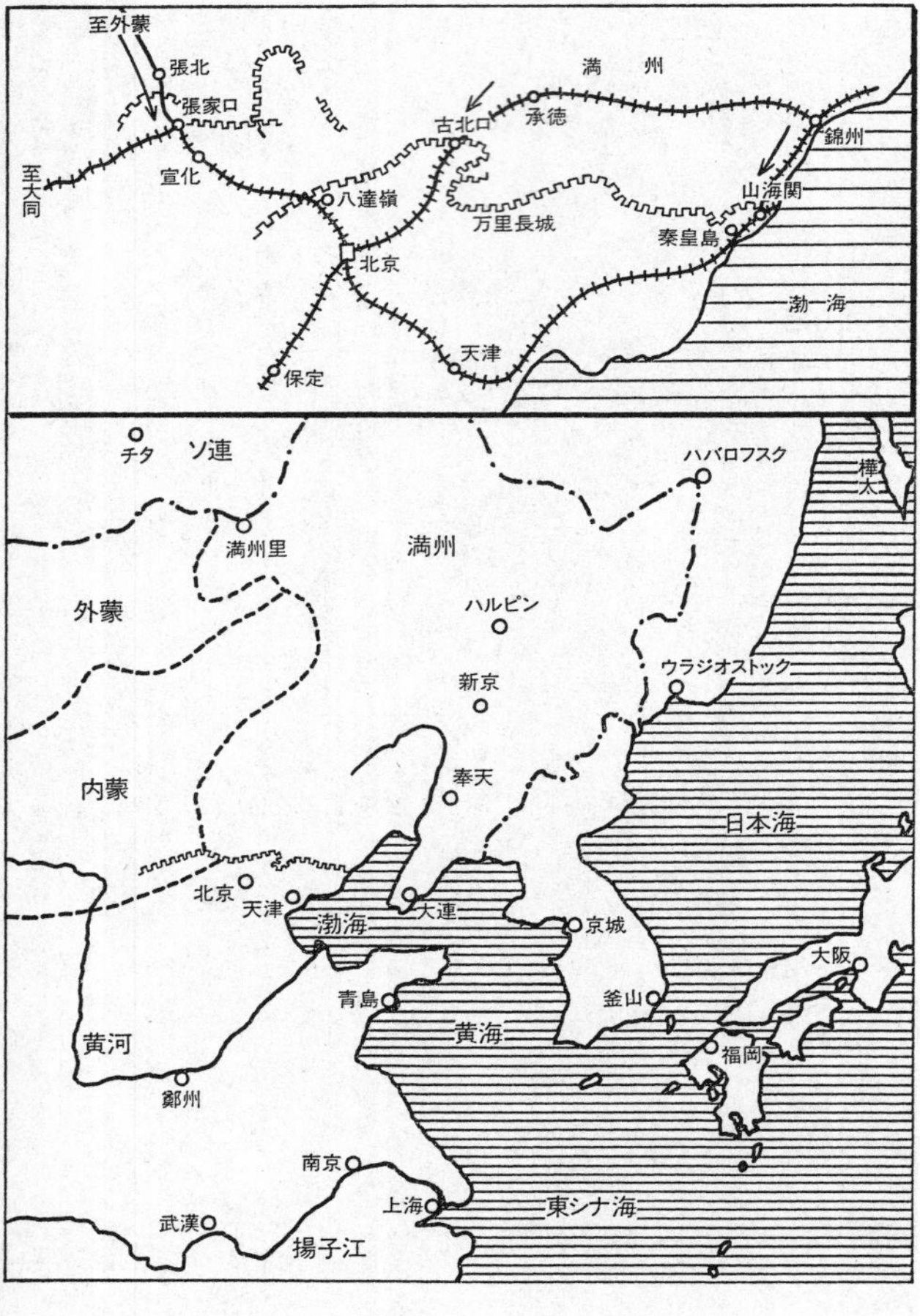

至外蒙
張北
張家口
至大同
宣化
八達嶺
北京
保定
天津
古北口
承徳
満　州
錦州
山海関
秦皇島
万里長城
渤　海
チタ
ソ連
ハバロフスク
樺太
満州里
満州
外蒙
ハルピン
新京
ウラジオストック
奉天
内蒙
日本海
北京
天津
大連
渤海
京城
大阪
青島
釜山
黄海
福岡
黄河
鄭州
南京
上海
東シナ海
武漢
揚子江

四万人の邦人を救った将軍

——軍司令官根本博の深謀

第一章　堅固な決意

牡丹江の雪

昭和十九（一九四四）年十一月一日、関東軍第三軍司令官根本博中将は、駐蒙軍司令官に転出の命令を受領した。翌二日は事務引き継ぎと公私各方面へ別れの挨拶をすませ、三日は官舎の片づけと清掃で時をすごした。

どてらの裾を帯にからげてたすきがけ、白手拭で頬かむりは、さながら太鼓持ちのお座敷姿。手に持ったチリ取りをザルに見たてれば、余興のどじょうすくいである。

いずれにしても、中将閣下のやることではないが、彼にとっては日ごろこなしている家事の一部である。もっとも後任者への引き渡しとあって、いつもより時間をかけて念入りにやった。

〝立つ鳥あとを濁さず〟――そんな心境であった。この諺の意味は二つある。その一つは、水鳥は飛び去るとき、そのありかを知られないよう、水をにごさないの意味である。

他は、立ち去るものはあとに不始末なことを残さないようにしなければならないというもの。一般には二番目の意味に解されているが、根本司令官も、よごしたままで立ち去っては「男がすたる」みたいな気分になっていた。

掃除、跡片づけなどというものに、司令官がそこまで入れこむ必要はないと思うのだが、根本邸では男手がすべて。掃除も仕事のうちであった。

軍隊では准尉以上、ときに曹長以上は営外居住を許されていた。准士官、将校ともなれば世帯持ちが多く、平時はその家族を呼び寄せて普通の家庭生活を営んでいた。

営外居住といっても、そのほとんどは家賃タダの官舎に住み、当番兵をつけ、佐官、将官クラスになると、現地人の召使いまで雇うという大名暮らしであった。

当番兵だけでよさそうなものだが、兵隊は庭の掃除に雑用、子供の相手ぐらいが関の山。そこで炊事、洗濯、掃除に風呂の用意など、主婦代行は召使いの仕事であった。

怖《こわ》い軍人さんに面と向かって批判をする者はなかったけれど、外目《そとめ》には釈然としないものがあったようだ。このような大尽暮らしは、居留民、現地人が関東軍に対して抱いていた怨嗟の一因にもなっていたらしい。

根本は、若いときから他人の手をわずらわせず一人でやってきたが、三十二歳、大尉のとき、結婚した。大正十三（一九二四）年である。そのころは参謀本部付であったためいっしょに暮らしたが、大正十五年には南京駐在武官になって単身赴任。出発を前にして錫《すず》夫人と協議したところ、

「軍人にとって一番大切なのはお国のために働くことでしょう。家族とともに暮らせばとかく心配ごとも生じて、満足なご奉仕はできません。私は子供を立派に育てます。私たちのことは気にかけず、立派にご奉公して下さい」

健気にも錫はきっぱり言って夫を送り出した。

引きつづき外地勤務が長かったが、浮いた噂は一度も立たなかった。その代わり、たまに帰宅すれば、心も生命もぶっつけ合ったせいか、そのたびに妊娠して全部で六人。しかし、長男弘毅、次男甲子郎、三男寅三は不幸にして、はやりの病《やまい》にかかりこの世を去った。生き抜いてきたのは長女のり、次女ミチ、四男軍四郎の三人になってしまったが、母親の愛情で立派に生長している。南京へ出発するとき、錫夫人は、「子供を立派に育てます」と約束したが、その通り育ててくれた。

ところで、根本司令官は当番兵の使役も断わり通した。部下たちは、

「将校に当番兵をつけるのは、御存知の通り軍隊の伝統であります。当番をつけていただかないと、他の将校が困るのであります」

としつこく奨《すす》めるけれど、「わしにはわしの考えがあってのこと」——そう言って断わりつづけてきた。

尉官のうちは当番兵一人だが、佐官、将官になればたいがい二人だった。

当番勤務中は軍務がお留守になるから、本人のためにも軍にとっても大変なロス。一般の企業では社長、重役に給仕や秘書がつくらしいが、あれは国家財政には関係ないけれど、軍

の場合は直接国民のフトコロに響いてくるわけだ。

しかし、自分のしていることは軍隊の伝統を破ることだから、他人に強要することはできない。そう考えて、その理由はだれにも語らず実行してきた。

召使いを使わないのにも理由がある。

彼の祖父為吉は有名な漢学者で不倫背徳の言行を忌み、家風は厳格、〝己れのことは己れでせよ〟が口ぐせであった。したがって、召使いなど論外である。

そんなわけで、官舎は八帖の部屋が三つ、現代ふうにいえば三DKだが、一人住まいには広すぎるし、第一、掃除が大変だから、つね日ごろは一部屋しか使っていなかった。居間兼書斎兼食堂。来客があれば、この部屋に通した。だから応接室兼用でもある。

そのような理由で第三軍司令官に就任してから約七ヵ月の間、使わぬ二部屋は一度も手入れをしていない。他人様には言えないけれど、閉めきっておいたが、埃がゴマンとつもっていた。〝チリもつもれば山となる〟を地でいったわけだから、掃除は、鉄砲をかついで行軍するより難儀だった。

掃除が終わって老酒《ラオチユウ》をコップについだ。

彼とかつて交際があった者ならば、根本といえば酒、酒といえばかならず根本を思い出すにちがいない。それほど酒と縁が深かった。

若いときから酒好きではあったが、妻子と別れて暮らすようになってから、とくに酒量が多くなっていた。大酒はえてして身を破滅に追いこむが、彼の場合は酒がよき友と部下を得、人生のプラスになり、危機を乗り越えることができた。

昭和十四（一九三九）年から六年、中国と満州（現在の中国東北部）で暮らし、その間、軍・政・財界の要人と親交を重ね、彼らと東亜の将来について夜を徹して飲み語り、教えられることが多かった。

いわゆる酒の位は、陳宝琛が彼に贈った「酒量且多」の書にあらわされ、その酒量は「海量淵深」と王揖庸が書いている。

いまの根本は酒が趣味で道楽であり、生き甲斐の一つでもあるが、以前はささやかながら趣味はあった。

アメリカ、ドイツへ出張の途中、モナコでルーレットに手を出し、一千フラン張ったところ、三十六倍になった。それをそのままふたたび張ったら、またもその三十六倍になった。そこでやめたので、手元には莫大な金が転がりこんだ。彼は半年のヨーロッパ旅行中に、その金を同行者とともに使い果たし、横浜入港のときには、逆に五百円ほど足が出て夫人に救援の電報を打った。錫は実家から借りて晴れの帰朝を出迎えたそうである。それから賭事には手を出さない。

また幼年学校、陸士、陸大を通じて射撃は得意中の得意。満州でも鴨や雉をうった。昭和十六年、第二師団長として東安に駐在していたころ、遠出をして雉を射ち落とした。帰りはその雉をトラックの荷台にかけて走っていたが、途中、なんの気なしに空を見ると、雉が一羽、悲しげに鳴きながら、トラックを追っていつまでも離れようとしない。きっとつがいの片方である。根本はそのときを境に狩猟はやめた。

老酒が底をつき、今度は日本酒である。

酔いが深くなるにつれて、心の中にくすぶりつづけていた黒い煙が次第にひろがってくる。牡丹江付近はいままでと変わりなく平和に見えるが、国境ではソ連軍の動きが日を追って激しくなり、不穏な空気がただよっているのだ。

国境の手前には多くの開拓団が入植している。あのままで、もしソ連が参戦したら、大変な惨事をまき起こすにちがいない。

入植者の処置について関東軍総司令部に上申しようと決心した矢先の転属である。なんとしてもウスリー江沿岸が気にかかる。

それにいままで満州の要衝を守っていたのに、新しい蒙彊新政権の育成という任務があるにせよ、兵力のみを比較すれば、いままでの半分にも足りない駐蒙軍司令官に転出させられるのはいささか釈然としない。

しかし、そんな思いとは無関係に酔いが回ってきた。そして上体が前後にすこしゆれてきた。

「だが、あいつに逢える」

そんなことを、ぼそっとつぶやいた。あいつ、というのは蔣介石総統のことである。

蔣介石総統と最初に逢ったのは、昭和十五年、根本が華北連絡部次長のときだった。それから親しく交際してきたが、教えられることが多かったし、なんといっても彼の人柄にひかれていた。

「根本は日本人なのか中国人なのかわからん」と陰口を叩かれるほど蔣に傾倒し、二人の間には国境がなくなっていた。

そしてその翌年、関東軍第二師団長として転出が決まったとき、一夜痛飲した。

①独ソ戦の状況②ソ連の満州、蒙古侵入はあるか③南方戦線など、直面する諸問題を語り合い、別れに臨んで蔣は、根本の手を強く握り、

「東亜の平和は、わが国と日本が手を握ってゆく以外に道はない。あなたはかならず中国へ帰ってくるんだ。そして私と協力しよう」

と言った。根本も、

「中国もあなたも好きだ。かならず帰って来る。時日はわからないが、帰って来る。きっと帰って来る」

と熱っぽく答えた。

そのときの蔣の声がいまでも耳に残っている。握り合った手のぬくもりも忘れられない。駐蒙軍といっても、北支那方面軍に所属しているし、北京も遠くはない。きっと近いうちに蔣と逢えるだろう。不思議に勇気が湧いてきた。

一升ビンをあらまし飲み終えるころ、ソファーにうずくまった。

妻の錫が畑で腰をかがめている。両手に力をこめてなにかを引き抜いているようだ。みるみるうちに白くて太い大根があらわれた。

「オーイ、いま帰ったぞ――」

自分の声で気がついた。夢を見ていたのである。

＊

「そうだ。いまのうちにやっとかなきゃ、また失敗する」

根本司令官はソファーからおりて、ちょっとあたりを見まわし、行く先を確かめてからトイレへ向かった。

「また失敗する」とつぶやいたり、住みなれたはずの官舎でトイレの方向を確かめるのは、ちょっとおかしいが、妻の夢を見て、あの事件を思い出したのである。

結婚適齢期になると、陸大卒、末は大将まちがいなしとあって嫁の話は星の数ほど持ちこまれた。なかには将官令嬢との縁談もあった。

しかし、親の七光りで出世したといわれては「男がすたる」と思っている彼は、できることなら福島県仁井田村の生家のように、馬の立小便が聞こえる百姓家でも喜んで来てくれるような実直な娘を望んでいた。そんな選り好みをしているうち、三十二歳になっていた。あの年で、一人身なんて男性機能に故障があるんじゃないか、と陰口を叩かれる時代であった。だから「今年こそ」と心に決めた矢先、格好の縁談が持ちこまれた。

かつて銀行の頭取を経験し、いまは東京高輪で郵便局長をしている人物の娘、錫である。

見合いは錫の家の二階客間で、型通り仲人夫婦に錫の両親立ち合いのもとで行なわれたが、期せずして男性はみんな酒好き。見合いの席は、たちまちにして酒席に早変わりした。浴びるほど飲んだ花婿候補は、必然的な生理現象に襲われて立ち上がった。その家は二階にもトイレがあるので廊下に出ればいいのに、方向をまちがえて反対側の障子を開けて物干台に出てしまった。

高輪の高台、しかも二階から東京湾を眺めて思いきり放出した。錫をひと目見たときから、「女房はこのコ」と決めてしまい、酔いが回るにつれ、この家で夫婦生活をはじめているような甘い気分になってしまったためだ。

晴れの見合いに、物干台からというのは空前絶後、聞いたこともない。母親は、「娘にまで、酒飲み亭主の世話なんか、させたくない」と大反対。ところが、肝心な錫は「大賛成」。父親は、「あの男には見どころがある」といい、賛成多数で一件落着。夢の中で女房錫に逢い、そして尿意をもよおして、物干台の一件を思い出したのである。ついでに書くと、根本大尉が、「畑のある家に住みたい」と言い、錫が大賛成で都下鶴川の街はずれに畑のある家を見つけ、新居に決め、それから錫が百姓仕事をはじめて、以来、野菜物は自給自足。だから姐さんかぶりにモンぺ姿、畑仕事の錫を夢に見たのである。

鶴川の新居が決まったとき、根本は、

「裸一貫でスタートしよう。嫁入り道具は不要」

と宣言したが、「まさか、そんな……」と母親は笑って世間の常識通り、嫁入り道具一式をそろえて新居にはこんだ。ところが、根本は宣言した通り、軍用行李ただ一つ。軍服のほかは、母親が織ってくれた絣《かすり》の着物一枚だけ。ずっと後になって、「あのときは、ほんとうに驚きました」と錫が笑ったそうだ。

さて、用事をすませた根本は、身震いしながら部屋にもどると、ドテラの上に毛布と外套をかけて横になった。東満の寒さは厳しい。錫や子供を思っているうち深い眠りに落ちた。

玄関を叩く音がして、

「司令官閣下、迎えに参りました」

と大きな声がする。腕時計を見たら八時を回っていた。六時かっきり起床の習慣だが、深酒のときは寝すごしてしまう。制服を身につけて玄関に出た。

「お早うございます。閣下、お荷物をはこびます」

司令部の松本中尉と運転手の兵長が、根本司令官の周囲を見まわしている。軍用行李が二つ積み重ねてあるが、まさかそれだけとは思っていないらしい。

「ご苦労、それを頼む」

「ほかの物は御宅の中でありますか?」

「いや、これだけだ」

二人は親を見合わせて、いかにも不審そうである。

鶴川の新居にはこんだのは行李一つ。あのときは金筋三本に星三つ、大尉のときだった。いまはベタ金に星二つ、閣下といわれる中将である。

出迎えの二人が驚くのも無理はないが、根本としては、転任の命令があればいつ、どこへでも飛び出せるよう四季の下着しか持たない主義である。ふつう家族持ちの転任となれば、幾日もかかってトラック二、三台分の荷物をまとめている。任地に到着するのがおくれるのは当然で、そんなのを見るたびに不愉快だった。ともあれ、牡丹江駅に着くと、司令部の幕僚、将兵、女子職員がすでにホームで待っていた。

万歳三唱をうけて列車に乗りこんだ。

軍用機で、という話もあったが、その年の二月から各飛行団、飛行戦隊は南方戦線に飛び立ってしまい、残るはわずか。それをさがしている間に張家口へ着いてしまう。いつもは茫洋としているが、任務となれば、しゃっきりするのが彼の性分である。

〽さらば牡丹江

　また来るまでは……

女子職員がそこまで小さな声で歌ったら、男の声も混じって、次第にその輪がひろがってゆく。

〽しばし別れの涙がにじむ……

女子職員が歌っているのを聞いたことがある。「ラバウル小唄」の替え歌だそうだ。

あわただしい戦局と自分にも訪れるであろう転任のとき。それにいささかの感傷も重ねあわせて将校たちも、自然に声が出てしまったものであろう。

その歌は「また来るまでは」といい、「しばし別れの……」と歌っているけれど、ふたたびこの地を訪れる機会がめぐってくるだろうか。

根本は、牡丹江の街が見えなくなるまで窓ガラスに額をつけていた。

列車は雪の広野を一直線に走っている。

左遷の噂の中で

根本博中将は、昭和十九年冬、関東軍から駐蒙軍司令官として張家口の司令部に着任した。軍とはいうものの、師団と混成旅団がそれぞれ一コというほんのささやかな組織で、蒙彊と称する山西省の北部とチャハル、綏遠二省と外蒙古を除く蒙古の大部分を警備し、しかもそこの政府の統治を擁護する任務を課せられていた。

そんなわけで管轄区域はきわめて広大であるのに、兵力はほんの申しわけ程度。しかも、その横っ腹はソ連軍の前にむき出しになっている。そのうえ西南方に共産党の八路軍、西正面に傅《ふ》作義の国民党軍と対抗しているのだ。

ソ連軍に横っ腹を攻撃されたら、それこそ絶望的である。軍人も居留民も、すべてあの世行きは必定。ひどく損な役まわりである。

中将は昨年の秋まで関東軍の主力中堅軍を統率していた。

新しい蒙彊政権を育成するという重要な新任務はあるにしても、兵力からすれば満州での半分にも満たない駐蒙軍司令官に転任させられたのは、彼にしてみれば不愉快であり、釈然としないものがいつまでも胸のうちでくすぶっていた。

根本は中国人とあまりにも親しいため左遷された、などといった噂が流れるほどであった。

若いころ、彼は陸軍省で軍政にたずさわり、また参謀本部では情報担当、その後は海外駐在武官、そして陸軍省報道部長の地位を占め、日中戦争後は興亜院から作戦軍の参謀長、師団長、軍司令官と日の当たる場所を歩いてきた。いまならさしずめエリートコースといわれる進級だ。

いずれにしても、純粋な軍事のみで御奉公できるものと信じていたのにもかかわらず、政治的な色彩の濃い駐蒙軍司令官に後もどりさせられたのである。彼が釈然としないのも無理からぬところであったろう。

組織に仕える者ならば、そのわけはスムーズに理解できるはずである。

ともあれ、根本中将が着任してまもなく、戦車と歩兵師団一コと一混成旅団は、華中に転用され、すでに駐蒙軍司令部の隷下を離れていた。

残るはわずかに歩兵一コ師団と混成旅団が一つ。なんとも哀れな兵力であった。

だが、こうした左遷ともとれる転任で釈然としない心の中のわだかまりは、あくまで私情である。公務をおろそかにはできない、とわれとわが心に鞭打ち、旅装をとく暇ももどかしく、厳冬の朔風を突いて雪の広野に飛び、将兵を励まし、漢蒙両族の実情を視察した。そして再度、外蒙から北京に通ずる蒙古草原を見聞した。

彼としては近き将来、ソ連がその正体をさらけ出し、獲物の分け前をぶん取るために日本に襲いかかるものとみて、内蒙古の地形を充分に踏査したかったのである。

昭和二十（一九四五）年一月、北京の北支方面軍司令部で兵団長会議がひらかれ、根本中将も出席、つづいて二月、南京の総司令部における会議にも召集された。ひさびさに各戦線の先輩、同僚と手をとって語り合うのは楽しかったが、その後がいけない。駐蒙軍にとっては手枷《かせ》、足枷、身動きできぬ命令があった。

「アメリカ軍の上陸に備える必要あり。駐蒙軍から歩兵一コ師団を上海方面に抽出せよ。その代わりとして新編成の混成旅団一コを増加する。それは大本営の方針である」

つまり駐蒙軍は混成二コ旅団で、日本全体の面積に等しい地区を警備し、かつ国民党の傅《ふ》作義と八路軍に対抗せよというものである。

ソ蒙軍は優秀な武器、装備、それに物凄い員数のソルダートを投入し、国境を侵犯するであろう。傅作義軍と八路軍にしても、それを合計すると、わが駐蒙軍の十倍を優に越す兵力である。

さて、歩兵一コ師団を抽出すれば、後にはどの程度の兵力が残されるだろうか。

二月現在で独立歩兵五コ大隊、砲兵三コ中隊、工兵、通信各一コ中隊、ほかに兵器経理関係。独立歩兵大隊は第一大隊が康荘に駐屯、第二大隊は宣化、第三大隊は蔚県、第四大隊は運源、第五大隊は南里堡に駐屯しているはずである。

根本は、わが軍を胸のうちで幾度も計算してみるが、それ以上は浮かんでこない。肌に粟を生ずる思いであった。

根本中将の敵情判断は、大本営や南京総司令部と異なっていた。

「アメリカ軍の作戦目標は日本本土である。日本がお手上げになれば、勝負はつくのだから、大陸その他国外に駐屯する日本軍など放っておけばいい。

日本が手を上げたら、国外の日本軍など立ち往生か降伏のほかはないのだ。だから無理して手をつける必要はない。アメリカ軍は、もっぱら日本本土を突くものと判断される。

もしアメリカ軍が大陸に上陸作戦などを実行すれば、それだけ日本本土にたいする時間をおくらすか、あるいは威力を分散、軽減することになるので、日本としてはかえって好都合。上陸させるがいい。

万一、アメリカ軍が、中国大陸と日本本土との交通を遮断するとか、南満州の軍需工場を破壊するに必要な航空基地を占領するための上陸ならば、山東半島の一角か、あるいは朝鮮の済州島あたりだろう。

駐蒙軍から歩兵一コ師団を抽出せよ、という上海付近は、日本本土に対する作戦からみて期待できるほどの戦略的価値はないと思う。

それに反して、蒙彊方面を手薄にしてソ連軍に犯されたら、どういう結果を招くか。説明の要もあるまい。

現在は上海付近の兵力を増強するどころか、総司令部は北京に移って、兵力の重点を華北に移すべきときではないのか」

根本が顔をくもらせているため、総司令部の先輩たちは口をそろえて、

「大本営の指示には総司令官だって不満はあるのだが、その不満を殺して、指示に順応している。だから、不満を出さず、このあたりでなんとか我慢してくれ」

と説得する。

根本中将は結局、歩兵一コ師団の上海転出を承諾して張家口に帰らざるを得なかった。

＊

歩兵一コ師団の抽出に応じたからには、対策を考えねばならぬ。

さきに蒙疆政府の組織を簡素化したため若干浮いた経費があるので、それを蒙古軍の増強のための予算にあて、日本軍の減少した兵力をおぎなうこととした。それとともに作戦計画を変更して、つぎの通り対ソ作戦を第一義とした。

一、張北南方の丸一陣地を、集中掩護の陣地とするため増強する。

二、張家口の司令部と補給諸廠を地下に埋設するための大工事にとりかかる。

三、蒙古草原の要点に、情報機関を推進してソ連に対する触角を鋭敏にする。

四、国民党軍である傅作義に対する妥協工作を進めて、その結果によっては、綏遠省を傅作義に譲り、警備区域を縮小して、対ソ兵力の捻出をする。

内部的な諸計画も一応終了したので、蒙古草原に足をのばして、ソ連軍が外蒙から侵入する場合、はたしてどの方面から来るのか、従来の研究に手落ち、間違いがなかったか否かを調査した。

検討を重ねた結果、大体においていままでの研究が正当であったことを確認して、張北の丸一陣地には確信を持つことができた。

それにしても興安嶺の南端から、赤峰に出て熱河をつく一つの作戦路があるけれど、ここは関東軍の責任地域であるから駐蒙軍としては直接手出しはできないが、しかしなんとなく不安である。妙に胸騒ぎのする問題であった。

皆殺しの危機

張家口に帰着した根本中将は、内蒙奥地に住む邦人に対し、大同、張家口に後退するよう勧告をはじめた。昭和十八（一九四三）年ごろから平穏無事がつづいている満州は、内地の人々から王道楽土とさえ言われていた。

内地ではひどい爆撃をうけた、という話も伝わってきた。

食糧事情は悪化する。輸送も梗塞してくる。それにくらべて満州、蒙古だけは爆撃もなければ食料も豊富。だから昭和十九年はもちろん、二十年になってさえ内地から満州へ、蒙古へと移り住む人は多いが、満蒙から内地へ帰ろうとする人はなかった。

工場疎開などの満蒙向け輸送の器具機械が満州、蒙古に到着しているときだ。

そんなわけで、安住の地を求めてはるばる内蒙に移り住んだ人たちである。この地に根をおろすと言い張る者も少なくなかったが、根本中将は部下を各地に派遣し、

「ソ連軍の動静がきわめて険悪で、近き将来、かならず来襲があると思わねばならない。敵

を眼前にひかえての後退は、絶対に不可能である。いまのうちに後退せねば皆殺しになる」と説得させた。

しかし、邦人の中には、

「悪評高きソ連軍でも、無抵抗の日本人を傷つけるようなことはあるまい」

といい、それが次第に、

「ソ連兵は丸腰の日本人を絶対に殺傷しない」

という方向に傾いていった。せっかく見つけた安住の地を離れまいとする詭弁である。

ついに根本将軍も現地を訪れ、

一、強きをくじき、弱きを助ける、という日本人的心情が彼らにある、と思うと大間違いである。彼らはそのような心情とは無縁である。話をしてもわかる相手ではない。現住地にとどまれば、物資は奪われ、女性の貞操はもちろん、生命なども狙われる。

二、彼らは国策遂行のためには、どんな非情な行動も平然ととるであろう。

三、強く抵抗する者には手びかえるが、背を見せる弱者に対しては、どこまでも残虐な行為におよぶ。

以上のように、関東軍総司令部とはまったく異なる説明を行ない、早急な後退を要請した。

関東軍総司令部は、

「一般邦人にとって無武装、無抵抗が最高の自衛手段である。そして安全な逃げ場があれば逃げるもよかろう。しかし、逃げ場のないときは、むしろ現住地に無武装でしがみついているのがもっとも安全である」

と考えていたようだが、根本は、日ソ両国人の心情はまったく違うと考えていた。

右のような趣旨の説明で、邦人の間に動揺がはじまったとみるや根本中将は、自動車、列車を動員して管内奥地の邦人から逐次、張家口に集結させた。

生命尊厳の思想

六月になって、北京から戦車二十六台が駐蒙軍へ返還された。起山立春中隊長は、出発にあたって北支方面軍の情報参謀堤寛中佐から、つぎのように念を押されたものである。

「内蒙地区は南方への兵力転換と改編のため弱体となった。そのうえ今年に入ってからも歩兵の一コ師団が上海に抽出された。残るは混成旅団が一コのみである。抽出された師団の穴埋めとして君らが帰還されるのである。

ソ連は去る四月、日ソ中立条約を一方的に破棄したが、その後、ドイツも降伏し、ぞくぞく満ソ国境に多数の部隊を集結しており、もはやソ連参戦は時間の問題である。数年にわたる激戦を戦い抜いた貴君のことだから、充分覚悟はできているであろうが、今度こそ最後の肚を決めてくれ」

堤中佐は、起山中隊長が士官学校生徒だったときの区隊長であった。訓示というより、教え子を戦場に送る先生のように万感の思いがこめられていた。

机からウイスキーの小ビンを出して注いでくれたが、ホロ苦く別れの盃は哀しいものである。

さて、中隊を率いて到着した包頭は、もはや点と線の守備ですら満足にできない状態であった。兵の絶対数が極度に不足している。鉄道沿線警備大隊は装備が悪く、老兵が多いうえに機動力がないので、敵襲に対して有効に対処することができない。

包頭に到着したころから、砂漠地帯に敵の謀略部隊がアメリカ軍機によって空輸されるようになった。

それらのソ連兵は、すべてアメリカの装備であった。

七月の初旬になって包頭東方の小駅が、約千名のソ連軍に襲撃され、警備隊は文字通り苦戦、戦車中隊は出動の命令を受けた。起山中隊長は加藤小隊（四両編成）を率いてただちに出動、敵中を突破して警備隊と駅務員を救出した。

夜に入り白兵戦となり、加藤小隊長は戦死、起山中隊長以下三名は敵の手榴弾により負傷、包頭陸軍病院に入院した。

「月月火水木金金」——厳しい陣中生活を忘れたわけではないが、陸軍病院はしばし、いこいの時と所であった。

看護婦の心くばりも、ささくれだった患者を慰めてくれる。

ウソのように静かな日々が流れて、ある日、病院の上を突如、轟音が襲ってきた。ドス黒い機体に赤い星のマークをつけたソ連戦闘機である。

起山中隊長は、軍医の許可も得ず、勝手に病院を抜け出して中隊にたどり着いた。

＊

包頭付近に約千名のソ連軍が出現、小駅を襲撃したにとどまらず、そのほか外蒙における ソ連軍の襲撃事件などが幾つも噂され、その対応に根本将軍が頭を悩ませているとき、東京から参謀本部次長が視察のため張家口を訪れた。

その参謀本部次長に対して、敵情およびわが軍の情勢を説明し、形式的な行事を終了した後、参謀次長と根本中将の懇談に入った。

まず根本が口火を切った。

「大本営では、ソ連の態度をどう見ているのか。ドイツが片づいたら、ソ連はかならず対日戦に参加して来ると、私は見ているのだが……」

「知っての通り、スターリンという男は、とてもとても一筋縄ではいかない男だ。ドイツを片づけるため、軍・民、それに国力も相当疲れているので、このうえルーズベルトやチャーチルの言うがままに、満州くんだりまで出兵するであろうか。

もしそんなことを唯々諾々とやらかせば、今後スターリンは、ルーズベルトやチャーチルの顎《あご》の先で軽くこき使われるだけだと思う。

さっきも言う通り、スターリンはそんな馬鹿な男じゃない。彼はかならず言を左右にして出兵を断わり、国力の回復を図るだろう。そうこうしている間に、米英をトコトン疲れさすつもりだ。かりにソ連が満州に侵入するとしても、もっと後のことだ。米英と関係なくやってくるさ」

その後になってわかったことだが、大本営も関東軍総司令部も、ソ連が満州に向けて行動を起こすのは夏の終わりか初秋の候、うまくゆけば冬を越すかも知れないとみていたようだ。参謀次長の見通しは、これに輪をかけたのんびりムードだった。

根本は、先刻からいらだたしさを感じ、どうにもやり切れないほど心が落ちこんでゆく。

「おれには直接ふりかかってくることだから、大本営とはひどく違う。楽観はしていない。いまのままの兵力、装備では、ソ連軍に出て来られればそれこそ目も当てられぬ。シッチャカメッチャカだ。一コ旅団ぐらい都合をつけてもらいたい」

それは駐蒙軍として最初で最後、そして最底の要求である。奥地の邦人は張家口に集結させたが、まだまだ市街地には残っている。

彼らを後方に集結させるためには、充分ではなくともいますこし兵力の補充が必要である。ところが、参謀次長は、

「内地も本土決戦の準備で、いたるところ兵力不足の声ばかりだ。いまのところ、駐蒙軍に増援の余地はまったくない」

ケンもほろほろの挨拶である。

「アメリカ軍が沖縄にとりかかってきている今日、上海や広東あたりをあまり気にしないでもよいのではないか」

「その点は研究してみよう」

「それともう一つ、熱河方面が気になって仕方ない。熱河をおれの区域に入れてくれたら、おれの方で統一して、兵力を運用する。それはあくまで作戦上の観点から要請していることだ」

「それもたしかに一案だが、熱河は現在、関東軍の管轄下に入っているので、関東軍が承諾するか、どうかわからない。話してはみるが承諾するか、どうか……。まずむずかしいだろうな」

「我田引水ではない。作戦上の要求だ。よろしく頼む」

意見の交換やら、要請やら、いろんな問題を遠慮なく話し合って別れたが、貧弱な兵力に比して地域がむやみに広すぎる。現兵力の数十倍は欲しいところだ。

＊

兵力の増加が不可能ならば、残された解決策は守備地域を縮小することである。

根本はあれこれ考えたすえ、西の綏遠省を傅作義に譲ることを思いついた。

北京の方面軍司令官のもとに参謀長を派遣し、詳細に説明を行なったうえ、その認可を得ることができた。つぎは傅作義に対する交渉である。

ソ連軍侵入の危険性が確実視される折りから、傅作義の承諾を得られるか、否か。

相当な困難を予想していたが、予想に反して彼の了承を得ることができた。

そして綏遠省境以東へは出兵しないこともあわせ約束してくれたので、まず蒙彊政府の行政機関と蒙古軍を張家口に撤退させ、つぎに居留民を北京天津地区へ。そしてその邦人撤退を見とどけて最後に駐蒙軍を内長城線に後退させる計画を樹《た》てた。

戦略家・根本将軍の頭脳ばかりでなくいつも全身を駆けまわっている思いは、「居留民と将兵の生命の尊厳」であった。

*

綏遠省を手離したからには、包頭の戦車隊に張家口引き揚げの命令を出さなければならない。そんなとき、同中隊の起山中隊長から意見具申があった。その内容は、

「当戦車隊は、駐蒙軍が直轄運用するを可とす。その理由は、

㈠ソ蒙軍来襲するならば最短距離を張家口に殺到すると思われる。

㈡駐蒙軍として、機動打撃持久戦に適する予備兵力は、わが戦車隊以外にない。

㈢包頭周辺の地形は、砂漠波状地帯で、現兵力をもってしては、敵大部隊との戦闘には適さない」

戦略家・根本将軍が大同以西、包頭をふくむ綏遠の移譲を決定したとき、くしくも起山中隊長から同種の意見具申があったのである。

この具申があった旨の報告を聞き、根本は思わず、ほほえんでしまった。

作戦というものは、全軍一体となって行動してはじめて戦果の挙がるものである。敗北に終わるかも知れない戦いではあるが、居留民と将兵の生命だけは守れるようだ。

そんな思いが根本の胸に浮かんだのである。

根本将軍は起山中隊長にあて、

「ただちに駐蒙軍直轄とす。張家口に集結すべし」

と打電させた。

さて、戦車隊の活用であるが、張家口から西北方の外長城線を越えるまで、直線距離にして約三十キロの山間《やまあい》の道は、ゆるやかに曲がる峠があって、戦車がかくれて敵を待ち受けるには、格好な場所がある。それも一ヵ所や二ヵ所ではない。たくさんあるのだ。

中隊の全戦車が敵の目をくらますことができる。

しかし、外長城線を越えると、そこには荒れた草原地帯がどこまでも波状につづいている。北西約二十数キロの地点に張北があるだけ。張北は城壁をめぐらしてはあるが、小さな集落だ。

敵の優勢な機械化部隊に、思うままの行動をとらせてしまうだろう。そんな条件がそろっている。

張家口への進撃を阻止するためには、この山間の道しかないのである。

外長城線の丸一陣地を守る独立混成二旅団は、敵の正面攻撃に対して、張家口にいたる山腹道を阻止するための平面的配備にすぎない。

起山戦車隊は、あくまで丸一陣地をふくめ、張家口にいたる山間道で敵の進撃を阻止する作戦をとらしめる。

丸一陣地内にいたる道路をはさんで戦車一コ小隊。その背後の山間道では戦車砲の届く曲がり角、敵戦車の姿をかくせる場所に、それぞれ戦車一〜二両ずつを配置して射撃目標を偵察選定させることとした。

この作戦は、起山中隊長の戦車配置案とぴったり一致していたので、ただちに実行に移された。

起山戦車隊の全車が、もし丸一陣地内のみに補強されていたら、わが戦車隊のもっとも有利とする機動装甲火力の妙味を発揮できず、したがって持久の任務の達成は不可能であったと思われる。

悪魔の牙

八月九日払暁、ソ連軍が参戦した。

傅作義がこれに力を得て、約束を守らず省境を越えて出兵したら、まずこれに鉄槌を加えようとしばらくの間、兵を省境付近にとどめて、傅作義の態度を監視した。

信義に厚い中国人であるから、よもや約束を破るようなことはあるまいとは思いつつも、ソ連参戦という最悪の極限状態に臨み、彼の変心を恐れたのである。

とはいうものの、もともと満足な軍隊を持たない駐蒙軍であってみれば、北方の外蒙国境付近に配置した情報機関だけを残して、他の日本人は全員、張家口に引き揚げさせ、張北には歩兵一コ中隊だけを残し、軍馬補充部などの軍機関も、すべて北京地方に引き揚げさせた。

南京の総司令部からは、

「とりあえず駐蒙軍より転用中の歩兵師団を、列車輸送で張家口に帰し、なお状況によっては、さらに兵力も増援する。善戦を期待する」

旨の通知がとどいた。

総司令部の措置は涙の出るほどありがたいが、その先陣がいつごろ張家口に到着するか不明だ。九日中に出発しても、張家口到着は十三日の夜。それとて米軍機の爆撃の目をかすめ、列車運行がスムーズにいっての話だ。十日出発ならば十四日。鉄道沿線の治安は平静を欠いているので、列車運行も思うにまかせないであろう。

文字通り〝予定は未定〟である。それまでは方々から寄せ集めた集成部隊で、丸一陣地を死守するよりほかに途はない。

駐蒙軍の防御拠点の丸一陣地であるが、別名〝日の丸陣地〟といわれ、張家口の北方四十キロ。張北集落との間で、外長城線の丘陵上に設けられた陣地である。

横に四キロ、タテ幅が一・五キロ、深さは背丈ほど、各方面からかき集めて十一日までに配置した兵力は、全部で歩兵二コ大隊と九〇式野砲八門である。まさに「根っきり、葉っきり、これっきり」であった。

将兵一人一人が抜山の力、つまり山をも抜くほどの優れた戦力を所持していなければ守り切れるものではない。

四キロの正面幅は歩兵二コ大隊には広すぎる。大人のLサイズの服を子供に着せたようなものだから、肩あげ、腰あげが必要だ。場合によっては裾あげも要《い》るだろう。

陣地の両側は、近代戦にはあまり役に立たないが、それでもないよりマシだろうと蒙古軍に協力を要請、配置した。

そんなわけで一応の対戦準備はできたものの、ソ連軍に対する情報はさらにない。外蒙近くに配置した地上の情報機関以外には、一台の飛行機もなく、まるで盲目作戦だ。出たとこ勝負でやるしかない。

十一日午後、ソ連軍飛行機が来襲し、張家口市街を爆撃して、宣伝ビラをまいた。若干の死傷者は出たが、火災は起きなかった。

根本将軍は、張家口の街を飛び歩き、安堵の胸をなでおろした。

奥地からここまでたどり着いた邦人はぶじであった。

満州や蒙古の居留民は、いわゆる「無辜《むこ》の民」である。政府をはじめ現地にも関係機関はあるけれど、ソ連参戦で無力と化したようである。だから彼らには、いまや訴えるところも、頼りとするところもない。気の毒な人たちなのである。

「われわれ軍人が楯となって、彼らの尊い生命を守らねばならぬ。悪魔の牙から守らねばならぬ」

それが根本将軍の決意であった。

＊

その夜、西ソニットの情報機関からソ連に関するはじめての情報が入った。

「戦車、装甲車、貨車合計六百両ほどの大集団が、本日正午ごろ、外蒙国境を越え、西ソニットに侵入。時速四十キロ程度のスピードで南下中。うち貨車百両余は歩兵を満載している。

なお一般現地人の噂によれば、外蒙騎兵団も続行しているらしいが、くわしくは確認のうえ再度、報告する」というものであった。

歩兵を満載した貨車が百両余とすれば、その兵力は一コ連隊ほどとみなければなるまい。歩兵は師団か独立旅団かわからないが、独立旅団以下ではないはずだ。それに後続の外蒙騎兵団なるものも不気味だ。今後、彼らがどのような動きを示すのか、皆目わからないし、右の情報だけではその兵力も見当がつかない。

いずれにしても、これを迎え撃つ味方の兵力はじつに哀れなもの。格段の相違である。とくに飛行機も対戦車砲もない駐蒙軍としては、大がかりな機械化兵団は苦手だ。

これに対して考えられる唯一無二の対抗作戦は、歩兵の体当たりだけである。銃剣をかまえて突っ込むか、轟音とともに驀進してくる装甲車の群れに対して携帯地雷、手榴弾をかかえて飛びこむ肉弾戦か。それしかない。

しかし、女房、子供を故郷に残してきた老兵には、ひどく残酷な作戦だ。

丸一陣地の守備隊には、敵を迎えて陣内で決戦するよう、その戦闘方針を指示し、陣地をはずれた張北の警戒部隊には、敵襲より先に丸一陣地内に引き揚げるよう命令した。張北で、先に書いたような肉弾戦を展開したら全滅である。

一方、草原内の地上情報機関は、敵の進路を側面から監視しながら、適宜、張家口に引き揚げるよう指示し、傅作義軍に対する部隊は、大同――張家口間の鉄道掩護につくよう指示した。居留民引き揚げのためである。

十三日、ソ蒙軍の先鋒が張北集落の北方にあらわれた。

一方、上海付近から張家口へ輸送中の増援部隊（歩兵師団）は、途中、米機、共産軍の妨害をうけて遅れてはいるが、先陣は十四日中に天津到着可能との知らせがあったので、根本はただちに張家口に直行させるよう野戦鉄道部に要求した。

このとき、関東軍の西正面を担当している第三方面軍司令官後宮淳大将が隷下兵団に発した、ハルピン——大連の鉄道沿線に総退却せよとの無電連絡を傍受した。

隣の熱河をガラン洞にされれば、駐蒙軍の背後はどうなるのだ。

ソ連軍の来襲はともかく、補給線はどうなるのだ。

関東軍総司令部は、新京から通化に後退したそうだが、それと時を同じくして、方面軍も南下する準備に入ったとみるべきであろう。

国境をカラにしてまで、関東軍は生還しようとするのだろうか。

「大廈《たいか》の倒るるは一木の支うるところにあらず」というが、関東軍という大きな家が倒れようとするとき、たった二千五百の老兵のみをかかえたヨレヨレ爺さんさながらの駐蒙軍のみで、百四十万、あるいは百五十万といわれるソ連軍に抵抗できるはずはない。

根本の胸にフッと「蟷螂の斧」という諺が浮かび、そして己れの姿が、あの心細いカマキリと同じように思えてならなかった。

根本中将は関東軍総司令部に対し、

「熱河からの撤退は、いましばらく待って欲しい」

と打電し、つづいて北京の方面軍司令部、南京の総軍司令部に対し、熱河でおこりつつある事態について、時を移さず関東軍と交渉されるよう上申した。

釈然としない気持がやや落ちついたら、今度は黒い雲が胸のうちにひろがってくる。この戦《いくさ》はもう負けだ。関東軍が、わずか二日や三日の戦闘で、国境からいきなり東南隅に吹き飛ばされるようでは、もはや、余命はいくばくもあるまい。

ソ蒙軍が接近しても、張北の警戒部隊は丸一陣地に引き揚げてこない。

そうこうするうちに、ソ蒙軍の歩兵部隊は展開して張北の攻撃をはじめた。

野砲、機関銃、それにマンドリン（自動小銃）の轟音が耳をつんざくばかり。銃砲弾が集落の周囲にめぐらした土壁の上や集落内に落下する。ソ蒙軍歩兵はジリジリと接近するが、駐蒙軍ははやる心をじっと押さえて一発も応射しない。全軍が撃滅されたように静かだ。

ソ蒙軍は急に態度が大きくなってノッソリ、ノッソリ大股にやって来る。まるで無人の境を行く、ごとしである。

その先陣がいままさに土壁に手をかけようとしたその間一髪、土壁の胸部からいっせいに小銃、機関銃の猛烈な射撃がはじめられ、大きな図体のソ連兵はバタバタと将棋倒しになる。なかには土壁に身体をもたせかけて起き上がろうとするが力尽きてうずくまり、ちょうど八十婆さんがぐったり座っているように見える者もいる。

駐蒙軍の小銃は旧式な三八式歩兵銃、機関銃にしてもお話にならない旧式なものだが、土壁の風穴から狙い撃ちだから、とてもたまらない。射撃練習の標的そっくり。いや、あのときの標的よりぐっと至近距離だから、いくら老兵の素人射手でも百発百中だ。

彼らの後にひかえる第二、第三線のソ蒙軍は、この状況を目撃して混乱をはじめた。

二十台あまりの装甲車が救援にかけつけたが、これは丸一陣地に布陣した九〇式野砲が八千メートルの距離から集中砲火を浴びせた。

ついにソ蒙軍はたまりかね、多数の死傷者を放置したまま北方に逃走する。

夜を迎えて張北部隊は、丸一陣地に引き揚げて来た。さっきまで数十倍の敵兵と激闘をくり返していたというのに、悠揚迫らざる態度である。じつに堂々たるものであった。

中隊長は部下全員と十数名の居留民、それに三十名ほどの蒙古人を引きつれて、陣地指揮官に報告している。

「報告いたします。ただいま帰隊しました。わが方の損害は兵三名軽傷。戦死はありません。邦人居留民は全員引き揚げに成功しました。同行を希望する蒙古人も連行いたしました。なおソ連軍は攻撃を中止、張北の北方八キロの地点に集結中であります。以上、申告終わります」

戦闘は敵にあたえた損害が重要である。その点を指揮官に問われ、

「日没以後の分については、判明していないのであります。しかし、日暮れまでに倒れて動かないもの、それは死者と見なしていいと思いますが、二百体以上はありました」

と答え、ポケットをまさぐって金ピカのいかめしいものを見せた。

「将校肩章だな」

「ハイ、そうであります。友軍の斥候が、敵の死体からはずして来たものであります」

「そうか。死者のフトンをひっぺがすような真似は感心しないぞ。ハハハ……」

指揮官の笑いにつられて中隊長は、柄にもなくはにかみながら申告を終わった。

ソ蒙軍を撃退せよ

十四日朝、白旗を立てたソ蒙軍装甲車五台が丸一陣地前にあらわれた。参謀を派遣すると、

「降伏を勧告する」と言っているそうだ。

即座に拒絶して追い帰すよう命令した。

十五日、ふたたび白旗を掲げた装甲車がやって来た。軍使は丸一陣地に入り、

「日本国政府は、すでに降伏した。当然のことながら、ソ蒙軍は日本軍の武装解除を要求する」

というのである。

根本将軍はただちに、

「日本政府、大本営、それに上級司令部から、そうした命令を受けていない。したがって、いまここでソ蒙軍の要求に応ずることは不可能である。日本軍は当方から積極的にソ蒙軍を攻撃することはない。ただし、ソ蒙軍がわが陣地を攻撃、侵入して来る場合は断固、抵抗してこれを撃退する」

と、きわめて強い語調で宣言して軍使を帰した。

丸一陣地指揮官には、

「陣地を越えて進出、ソ蒙軍を攻撃してはならない。だが、もしソ蒙軍がわが陣地に侵入して来る場合には絶対にこれを反撃し、死力を尽くして陣地外に駆逐せよ」

と命令した。

この日の正午、天皇陛下のラジオ放送が行なわれるというので、根本は張家口放送局に赴き、天皇の放送に引きつづき根本自身の蒙疆全域に対する放送ができるよう準備した。

正午の時報が終わると、まぎれもなく天皇の玉音である。

しかし、受信機のせいか、東京から張家口までの距離のせいか、声がかすれたり、と切れたりで全部を理解するのは困難だったが、

「戦争は負けた。しかし、耐え難きを耐え、忍び難きを忍び、国家再建のため国民は等しく努力してもらいたい」

という天皇の意志は理解でき、天皇の苦しまれているようすが根本将軍の胸に響いてくる。

「ついにその日が来た」

とそれまでの苦労や居留民、部下将兵を思い起こし、彼らの犠牲なしで引き揚げさせなければならぬ、と思いをあらたにした。

涙がとめどなく頰を伝ってくる。

駐蒙軍司令官の重責にある自分が落ちこんでしまったら、彼らのめんどうはだれがみるのだ。

「しっかりしろ」

と己れを戒めてマイクの前に立った。

「ただいま、陛下の玉音をお聞きになったと思うが、私は陛下のお考えを受けて、私の覚悟を聞いていただきたいと思う。

さて、われに利あらず、戦いに負けて降伏することになっても、私も私の部下将兵も健在である。私の命令のない限り、勝手に武器を捨てたり、任務を放棄するような者は一名もいないので、彊民および邦人は決して騒ぐ必要はない。

私は上司の命令と、国際法規にしたがって行動するが、わが部下および彊民、邦人の生命は、私の生命を賭けて保護する覚悟である。駐蒙軍の指導を信頼し、その指示にしたがって行動されるよう切望する」

と放送した。

根本将軍は、放送局から司令部に帰着すると、隷下各部隊に対して、

「別命あるまで依然、従来の任務に邁進すべし。もし命令によらず勝手にその任務を放棄したり、その守備陣地を離れたり、または武装解除の要求を受諾した者は、軍律にしたがって厳重に処断する」

と指令した。とくに丸一陣地守備隊に対しては、

「その理由の如何を問わず、陣地に侵入するソ蒙軍は、断固これを撃退せよ。それによって起こる責任は、一切あげて司令官が負う」

と重ねて厳命した。

そしてタイミングよく綏遠の傅作義《フフクト》将軍から連絡が入った。

「綏遠、チャハル、熱河は、わが第十二戦区の作戦区域であり、この地域内における日本軍の武装解除は、本官が責任をもって実行するよう、中国政府から正式に命令された。ついては本官の指定した軍隊以外の軍隊に、武器を渡すことは厳に禁止されたい。

もし本官の指定した以外の軍隊から、いかなる申し入れを受けるとも、貴官は自己の責任において断固これを拒絶すべきである。万一これに反した場合、本官は厳重に貴官の責任を問う所存である」

彼の申し入れは右の通りであるが、わずかな兵力で日本本土の面積に等しい内蒙古を守備するのはなんとしても無理と判断、綏遠省を傅作義将軍に譲ることにしたが、しかしソ連参戦に力を得て、彼が約束を守らず省境を越えて出兵するかも知れぬと、省境付近に兵をとどめて傅作義の態度を監視させたが、これはまったくの杞憂であった。

根本の猜疑心がそうさせたのか、と問われればノーと言わざるを得ない。

日本人は幼児から、「ウソつきは泥棒のはじまり」「ウソをつけば雷様にヘソをとられる」と父母に訓《さと》され、学校では修身の時間に校長先生から、「正直の頭に神宿る」「正直は一生の宝」など諺を教わった。

正直な人にはおのずから神や仏の加護がある。また、正直は人の一生まもるべき大切な徳で、いろいろな幸福はそれによって訪れる、と口がすっぱくなるほど教えられたもので、だから成人となっても極力、ウソをつくまいと心がけたものだ。

日本人はそんな己れの心情を物差しにして他人を測るクセがあり、ソ連が日ソ中立条約を一方的に破棄したが、猶予期間の一年間は手出しをしないだろうと考えている者もあったようだ。そうでなくても、条約破棄後四ヵ月や五ヵ月で参戦しないだろうという弱者のカラ頼みをしていたらしい。

根本将軍の発想は、四万の居留民、二千五百の将兵の生命を預かるものとして当然といわなければならぬ。

用心に越したことはない。はずれてもともとである。

それはともかく傅作義将軍の通牒は、それまでの根本将軍の思想と行動に合致しているので、いまさら部下に命令する必要はないが、蒙古の徳王と傅作義との関係が気がかりだ。なんとかして二人の間をとりもとうと、まず徳王とその軍司令官である李守信をわが司令部に呼び、きわめて率直にこう言ってみた。

「日本は力およばずついに負けました。われわれは早晩、降伏させられて中国軍の捕虜になるでしょう。しかし、永い間、日本軍に協力して下さったあなたたちが、われわれと同じ境遇に落ちるのは、なんとしても阻止しなければならんと思っています。

あなたたちはご自身にとって最善と思われる道をお進み下さい。一度かぎりの人生です。大切にせねばなりません。

もし草原へお帰りになりたいならば、張家口脱出は兵力をもって充分にお助けいたします。

北京へ行くことを希望されるならば、それも万全を期して護衛いたします。私たちに気を使うことなく、これからの道を自由に選んで下さい」

敗戦という最悪の事態に追いこまれながら、なお盟友の身を配慮しているのだ。

彼、根本博はただの戦略家ではなかった。彼の、他人の身を案ずる温かい心が次第に花をつけ実を結んで、居留民と将兵のぶじ張家口脱出となったのではないか。

そしてまた、後述する中国居留民と駐留軍将兵引き揚げの早期実現となってあらわれたのである。蔣介石に「以徳報怨」と言わしめたのも、根本将軍の友を思う心が、そのような形となって返ってきたのであろう。

「以徳報怨」は他人から、うらみに思うようなことをされても、これに仕返しをせず、かえって広い大きい温かい心をもって接する、広い大きい心をいうのである。

日本および日本人は、日清戦争以来、中国大陸でいろんな迷惑をかけてきた。だからこのときとばかり、その仕返しをされても仕方がなかった。文句のいえる立場ではないのである。

しかるに蔣介石が「以徳報怨」と言ったのは、根本将軍が大正六（一九一七）年、北支秦皇島独立守備隊長、同十五年、南京駐在武官となったころから中国と中国人を愛してきたお礼心のあらわれではなかったか。

徳王と李守信はしばらく、顔を見合わせていたが、やがておもむろに徳王が口をひらいた。

「私も李君も、ともに部下をもつ身ですから、今後の身の振り方については、とくと部下とも相談をして考えようと思います。一両日待って下さい。このお心尽くしは終生忘れるものではありません」

「部下の身の振り方を考え、そして始末をつけてから、わが身の振り方を考える」という。

その言葉が根本の心を強く打った。

徳王たちは究極のドタン場に臨んでいるにもかかわらず、己れの身より部下を案じているのだ。

「徳王を心の手本にせねば……」と根本は、己れの心に語りかけた。

「それではご決定次第、私に知らせて下さい。私は決して秘密をもらすようなことはいたしません。また、可能なかぎり援助をいたす決心であります」

と根本将軍がいえば、徳王は、

「その節はよろしくお願いします。これから至急に会議をひらき結論を出します」

といい、急ぎ辞去していった。

さて、丸一陣地にも敗戦の報は伝えられた。

敗戦——戦闘停止——武装解除——捕虜といういまわしい連想がだれの胸にも浮かぶ。

〝生きて虜囚の辱しめを受けず〟

将兵は、戦陣訓でこう教えられてきた。この教訓はどうなるのだ。戦陣訓は役に立たぬ空念仏だったのか。

眼前にひしめく幾万の同胞の運命はどうなる。現に前線で敵と対峙している戦車隊の内藤駐止斥候隊は……。

おたがいに何事かわめき合うのだが、意味はまるでわからない。

戦車隊の起山立春中隊長が前線から部隊に帰ってみると、中戦車小隊長の寒河江智大尉が走り寄ってきて、

「上原隊長が自決するかも知れない」

と言う。

上原隊長は鹿児島生まれだ。薩摩隼人は血の気が多い。彼なら自決するかも知れぬ。

「死ぬのは勝手だが、部下をどうする。死ぬことなんか、いつだってできる。指揮官の使命を考えよう。日本人を一名も死なせずに故郷へ帰すことがわれわれの使命だ。隊長に自決するなといえ」

脈絡のないことをわめいたけれど、起山中隊長の言わんとすることの要旨は右のようなものであった。

起山の物凄い見幕に驚いて若い寒河大尉は、驚いてすっ飛んでいった。

「敗戦なんて……そんなバカな」

「戦争なんか負けてないぞ」

「やつら、丸一陣地まで来ても、それから前へ進めんじゃないか」

「そうだ。まだいつまでも頑張れるぞ」

「こっちが頑張ってりゃあ、やつら、しっぽを巻いて帰っていくさ」

「そうだ。頑張ろう」

戦争がはじめての応召老兵たちも叫んでいる。

「おれたち、ロスケに食いさがって、女、子供を日本に帰そうぜ」

「輸送をはじめるってはなしだ。それが終わるまで、石にかじりついてもやろう」

ウォーという声が上がった。それが一段落したところで、起山中隊長は、

「われわれは、絶対に武装解除には応じない。あくまでソ蒙軍に抵抗する」

と隊員にその決意のほどを示した。

そのとき、ソニット方面の偵察から帰って来た内藤小隊に、ふたたび丸一陣地内の道路の閉塞と陣地占領を命じ、中戦車隊にはいままで通り山間道の陣地偵察を指示した。

中戦車の寒河小隊長が帰ってきた。

「上原隊長がもし自決するようなことがあれば、部下が動揺する。直接戦況に影響し、ひいては邦人の引き揚げにも支障をきたすかも知れぬ。自重して欲しい」

と誠心誠意、翻意を求めた、という。

「わかった」

という上原隊長の目には、涙があふれていたらしい。そのときのようすを語る寒河小隊長の目もうるんでいた。

ソ連参戦の報をうけてからのウランバートル街道の起点、張家口には一種異様な空気がみなぎり、街の路次には子供や乳呑み児をかかえた居留民の落ちつかぬ不安そうな姿が目についた。こうした中で根本将軍はじめ司令部幕僚は、可能なかぎり居留民に語りかけ、民心の

安定につとめた。

そのためか十五日以降、張家口市内には一発の銃声も聞こえず、治安は保たれていた。

内蒙の中心地である張家口を若干説明すると、蒙古人はこの地をカルガンと呼んでいた。張という人物が住んでいた山間《やまあい》の街という意味であるが、中国の各地の要衝には、地名の終わりに「関」と「口」がつく。

万里の長城を例にとっても、西が玉門関、嘉峪関、東の涯に山海関がある。

その間、大小無数の峠道に、界冷口、古北口、喜峰口などがあり、張家口は、北京から内長城線の居庸関を越えて蒙古に通ずる最大の交易都市となっている。そこから、一直線にゴビの砂漠を越えると、蒙古人民共和国の首都ウランバートルを経て、シベリアのバイカル湖東岸のフンヌの故地ウランウデに達する。この太古からの隊商道路には現在、鉄道と飛行機の便があるにしても、帝政時代からモスクワと北京を結ぶ幹線道路であることに変わりはない。

蒙古語のカルガンは関所、番所という意味だそうである。

また、「クルガン」という言葉がアジア大陸の中央部に住む人民の間にあるが、これは人の集まるところ、砦を意味しているようだ。

アフガニスタンの北部国境地区に、タシクルガンという場所がある。さらに東に目を転ずると、ソ連と中国の国境を流れている黒龍江（アムール）が、もっとも北に曲がったところに北から合流するゼーヤ河という河がある。中国人は、アムールの方を黒河と呼び、その名の街をつくり、ゼーヤ河沿いの集落を黄河屯と呼んだ。まだ黒龍江の北岸も清朝の領土であったころのことである。

現在もゼーヤ河の合流点を少し下った北岸に、カニクルガンという古い集落がある。ここが本来の黒龍江将軍の屯所が置かれたところで、そこを愛琿と改めたのが一六八二年。それまではダホール族の部長トウ、ローン、ガアの城塞がおかれてアイコーという地名だった。アイコーとは「的」という意味で、清朝側には愛呼、愛琿という文字を使っていたが、後に愛琿だけにしぼった。

一八五八年、愛琿条約で黒龍江の北岸をロシヤ領と定めてから、黒龍江将軍の屯所は南岸の現在の愛琿に移ったが、終戦後の北京政府は、ヴラゴウェチェンスク対岸の黒河もふくめて、現在は愛輝と呼んでいる。

カニクルガンのカニが何を意味するダホール語がわからないが、アフガニスタンのは、タシケントが右の町、宝石の都を指すことから、何かの砦であることが想像できる。だとすれば、愛琿のカニクルガンも、張家口のカルガンも、タシクルガン同様、石の砦が築かれ、槍と刀を持った門番が立っているところという共通の感じをあたえる街であったようだ。

張家口は、北京から西北の国外に通ずる表玄関で、張家口の大境門外の草原は、家畜をはじめ物資の交易地で、西の綏遠と並んで東口と呼ばれた。

一四二九年（宣徳四年）、万里の長城の完成に合わせるようにして、張家口の下堡を築き、一六一三年（万歴四十一年）に上堡を築いて張家口の城壁は完成し、この上下堡を結ぶ清水河の周辺に、漢民族が定住して市街の基礎をつくった。そのとき、最初に定住した有力者の名が、張姓であったと思われる。

＊

文中に幾度も出てくる丸一陣地と傅《ふ》作義将軍について、ついでだから若干説明を加えておきたい。

丸一陣地＝この陣地については前に少しふれてあるが補足したい。もともと、駐蒙軍を戊五三〇一部隊と呼んでいたため、その〇一をとり、丸一陣地と書いていた。しかし、〇一の一をとれば〇だけになる。〇は日の丸にも通ずるところから、日の丸陣地と呼んでいた。その意味づけがいささか飛躍しているように思えるが、寝ても醒《さ》めても頭に日の丸がこびりついていたので、だれいうとなく日の丸陣地と呼びはじめ、みんななんの抵抗もなく、そう呼ぶようになったらしい。それに、日本軍が南方の各地で連戦連勝のころ、日章旗の向かうところ敵なしと信じられていたため、この陣地でも縁起をかついで、日の丸陣地が抵抗なしに受け入れられたのではないか。

傅作義将軍＝彼のモットーは「見危授命」である。人の危うきを見て、わが生命を投げ出すという意である。

根本将軍にとって傅作義は敵将であるにもかかわらず親交があり、若いときから「根本は支那人」と陰口を叩かれるほど親中派で、傅作義の思想に傾倒していたようだ。

根本の指揮下にある将兵も、彼を師と仰ぎ、居留民の危うきをみてわが生命をかえりみず戦ったのである。

日中戦争以前の五年間、傅作義は第三十五軍軍長兼綏遠省政府主席として善政をしいた。日本軍が武力で彼を西に追い払い、そして、日本軍が綏遠に入城したが、彼の悪口を言う者は一人としていなかった、という。

日中戦争がはじまって、傅作義は包頭の西、黄河上流二百キロの河套地区に駐屯しても、とくに己れから日本軍を襲わなかった。

かつて日本軍に手痛い目に合わされたのだから、世間一般の凡人ならば、ここで一丁仇討ち、とばかり攻撃をかけるだろうが、彼はそれをしなかったのである。

後述するが、蔣介石が敗軍の日本将兵に対し「以徳報怨」といい、将兵はもちろん、居留民もすべて日本本土に送還した思想と共通なものがあるようだ。

傅作義は保定軍官学校の出身。歴代駐蒙軍司令官とのパイプを断つことなく、いつもゆとりを持って親交を重ね、とくに中国生活の長い体験を持つ根本が張家口に着任してからは、相互に緊密な連絡を取りつづけていたという。

敵側との勝手な連絡は、満州では決して考えられなかったし、日本内地でも、通敵行為、スパイ行為として厳しい取り締まりの対象とされていた。

そのような事実を充分に承知していながら、歴代司令官がなんらかの交渉を持っていたということは、傅作義ら中国人の持つ「義」に魅せられたものであろうか。

大戦末期、包頭特務機関（稲森利助機関長）の重要任務には、傅作義との連絡がその一つに数えられていたそうだ。

その個人的にも気心が通じ、傾倒している傅作義から、中共軍、ソ蒙軍には武器を渡さぬよう要望されて、根本将軍の決意は、いっそう堅固となったようである。

結果としては、日本軍撤退後の張家口には、その翌日、ソ連軍が入城、一両日駐留しただけで中共軍と交替し、中共の諸機関が進出してきた。このため張家口は「第二の延安」と呼ばれ、ついに傅作義の率いる国民党軍は綏遠に足止めになったままであった。

しかし、旧蒙彊政府の日本人官吏や領事館員たちは、傅作義軍の手厚い保護をうけ、閻錫山の太原経由で華北天津に送りとどけられた。

第二章　暗夜の戦闘

夢のお告げ

忘れようとしても忘れられない八月十五日——

内蒙の広野が暮色につつまれるころ、丸一陣地から司令部へ、

「ソ蒙軍が攻撃を開始するようすである」

と電話連絡があったが、その後は途絶えてしまった。しかし、二十三時ごろから戦勢はなんとなく静まったように感じ、二十四時になると、まったく銃砲声もおさまった。

そのころ、ようやく第一線の報告があり、それによると、ソ蒙軍は八台の装甲車を陣地内に残して丸一陣地から遠くへ退却したらしい。

根本将軍が前線視察の帰途、張家口の駅前にさしかかると、大勢の兵がたむろしている。停車して副官がたずねると、大同から華中に救援に赴いていた歩兵師団の先頭部隊が到着するというのだ。まず一安心である。

司令部に入り、参謀長、作戦主任を呼んで情勢を検討すると、

一、夜になって侵入してきたソ蒙軍の兵力は、装甲車一コ旅団、歩兵一コ連隊、外蒙騎兵一コ旅団程度。

二、傅作義軍の東進に必要な鉄道は、日本軍の撤退にともない、八路軍のため集寧（平地泉）で遮断されて不通となり、傅作義軍が張家口に到着する予定は、いまのところ見当がつかない。

そこで、張家口に到着しつつある歩兵師団の先頭部隊を、火のついた丸一陣地に応援に急派したいが、大同〜張家口間の鉄道を破壊されたりすると、大同の居留民を見殺しにする結果にもなりかねない。

丸一陣地の応援はするが、一部をさいて鉄道警備にあてるよう作戦主任に命令、さらに通報の起案を命じ、また傅作義軍の鉄道による張家口入りが不可能という最悪の事態が発生するかも知れないので、そのときにとるべき対策を考えてみた。

根本は、いかなることがあろうとも、傅作義と約束したように、ソ蒙軍の武装解除だけは断固、拒絶する決心である。

最悪の場合、内長城線の八達嶺まで後退する予定であるが、しかし居留民を残して軍隊だけ「さようなら」することはできない。

あくまで居留民優先である。まず居留民を天津まで送りたい。それができなければ、北京まではぜひとも後送しておかなければならない。

また、外蒙騎兵に先まわりされ、鉄道を遮断される危険があるので、居留民の後送は、それ以前、迅速に実施する必要がある。

参謀長も、

「司令官がソ蒙軍による武装解除を、絶対に拒否されるならば、情勢悪化のさいは、八達嶺の線に後退して傅作義軍の到着を待つよりほかはなく、その場合、居留民をどうするか。司令官に申し上げようと思っていたところであります」

と述べ、根本中将と同意見であった。

「同じ意見でよかった。処置は早いに越したことはない。さっそく公使と相談して、一刻も早く居留民の後送をはじめるようにしてくれ」

といい、作戦主任の起案した命令に署名して仮眠の床についたが、なぜか眠れない。コップ酒を二杯もひっかけたが、神経が逆にさえてくる。

昼間、張家口の街なかで現地人から聞いた満州の悲劇を思い出していた。

張家口東北方の蒙古人地帯の旧満州領内の出来ごとである。ウランハタという集落に住んでいた初老の男が、八月十二日、山中を逃げて、小さな集落にたどり着き、知り合いの電報電話局長と合ったそうだ。

ソ連軍の急襲があるというので、ウランハタにもどり、だれもいなくなった空屋で寝ることにしたが、夜中に雨が降り、翌十三日の昼まで、ドシャ降りの大雨が降りつづいた。

午後二時になって、雨がすっかりあがったので出発しようと思ったが、興安でカフェーをしていたという男を中心とする一団が見つからず、夜明けまで待った。

十四日になっても、その一行はとうとう見つからないまま、明るくなるのを待ちかねて、裸山を登り、ひと休みしていると、ゴウゴウと物凄い音が聞こえてくる。

見ると、ソ連軍の戦車が十数台前進してきて、砲塔から機関銃を発射する。

死んだ振りをしていたら、目の前を通り抜けて葛根庙の方向へ走り去った。

敵の目を逃れようと木立の方へ移動したら、パーン、パーンという乾いたような連続音がして下腹と右肩に当たった。そして、二人のソ連兵を見たところで気を失ってしまった。

どのくらい時間がたっただろうか。

「おじさん、死んじゃダメ」

「手当してあげたいが、敵がいていまはできない。もうすこし待ってね」

という若い女性の声で生気に返った。

その初老の男は、やっと上半身を起こした。身体を見ると血まみれだった。

すこし間をおいて若い女性が三人、顔を出した。さっき励ましてくれた女性たちだ。

男の傷を見て一人が泣き出し、一番年かさの女性がリュックサックの中から塗り薬と白布を出して手当をしてくれた。

その女性は二十四、五歳で、男の利かない右腕を首に吊ってくれ、自分の上衣を脱いで男に着せてくれた、という。

三人の女性は電報電話局に勤めていたらしく、仲間が追いつくと、

「おじさん、さようなら……」

「きっと内地へ帰るのよ」

「頑張ってね……」

と言い、仲間と連れだって山を下っていった。

初老の男の傷があまりに深手のため、みんなチラッと一瞥《べつ》するだけで通りすぎてしまう。

その男は倒れては起き、起きては歩いて、ようやく葛根庙と興安との境を流れる川の畔に出た。

その川端に十数名の人たちが休んでいた。みんな泥んこだった。その中の若い女性が、河の水を飲ませてくれたり、角砂糖を口に入れてくれた。

そして歩けない男に肩を貸した。すこしでも前進しようと協力してくれ、その夜はひとかたまりになって野宿した。

十五日は午後三時ごろから大雨になり、夜に入り、別れ別れになってしまって、親切な女性と二人だけが残った——。

現地人の話はそこで終わってしまったので、その初老の男の生死はわからない。そして親切な女性たちの運命もわからないが、

「自分の管轄地域では、決してかかる悲劇を起こしてはならない」

根本将軍はあらためて己れの心に誓った。

明け方になってトロトロとまどろんだ。そんな夢幻《ゆめうつつ》のなかで少女があらわれた。大きな町

の東の方にある橋を、三人、五人と渡っている。その中に見おぼえのある少女が混じっている。

根本が満州東部国境の軍司令官だったとき、官舎連絡に一週間ほど通った三十五、六歳の応召兵がいた。現地の商社に勤めていたところを召集されたのだ。

根本は、形式主義の軍規にがんじがらめになるのを嫌って、宿舎では一般社会人に近い暮らしを楽しみ、商家のおやじはもちろん、満州人すら出入りを許され、遊びに来たものである。そんなわけだから、その連絡兵の娘と男の子が、毎日のように勝手口から入ってきた。

そのころ、その娘は小学校二年といった。だから、いまは四年のはずだ。

ともあれ、少女たちが橋を渡りきったところで背後の街に火の手が上がり、空が真っ赤になった。いつもの夢は色のつかない白黒映画のようだが、そのときは空が真っ赤に見えた。

夢に色がつくと病気になった証拠だ、と根本将軍は、子供のころ大人たちに聞いた記憶がある。ソ連軍侵入と居留民の安全引き揚げの対応で、身体も精神も疲れているためにカラーつきの夢を見たのかも知れぬ。

大勢の人がぞろぞろと歩くのはきわめておそい。暗い中を歩いているところをみると、昼間はソ連の攻撃があるため夜間を選んで歩くらしい。

そのうちどこかの集落に入り、大きな釜で飯を焚いて、みんなにくばっている。しかし、老人や子供たちはあまり食べないようだ。極度につかれているためだろう。

食事が終わって、また歩き出した。長い行列は山から野原につづいて、その先は暗くて見えない。

トラックや馬車が何台も通りすぎ、その上に女性が数名乗っている。それがなぜかみんな、お腹が大きいのだ。夜目にもわかるほど大きいのである。

よろよろとよろける者、足をひきずる者。よっぽど疲れたとみえて背中の荷物を道端に投げ出す者が増えている。

突然、「ピューッ」と弾丸の音がして、みんな道端を流れる小川の中に身を伏せた。

戦車が何台も行きすぎていく。

そのとき男が起ち上がって歩き出した。その男はあの連絡兵であった。

「お父ちゃん、動いちゃダメ」

あの娘が父親の足をつかんだ。しかし、娘を二、三歩引きずってから娘の手をほどき、どこかへ行ってしまった。そして、それっきり姿を見せなかった。

銃声はいつまでもつづいている。

あの娘が歩いていった場所には、大勢の女子供が集まっていた。そこにマンドリン（自動小銃）を抱えたソ連兵があらわれ、とり囲んだ。

マンドリンが鳴り、手榴弾が方々ではじけている。居留民が護身用に持参したものだろう。

幼児が真っ先に倒れ、つぎに子供たちがうずくまった。

あの娘も腰のあたりに血をしたたらせて前に倒れた。血は赤いけれど澄んでいるように見える。

「お姉ちゃん」と、男の子が血の海の中を這ってきた。姉ちゃんといっしょに根本将軍の宿舎へ遊びに来た弟の方だ。

銃声も止み、戦車もどこかへ行ってしまった。まだ生きている人があった。血の海の中で生きている。

あの娘たちは三人ひとかたまりになっている。あの姉弟と婦人である。根本将軍の家へ連絡兵は女房までは連れて来なかったが、あの娘たちと抱き合っているのだから間違いなく母親だ。やはりひどく負傷しているらしい。

だれかが奥の方で手を振っている。この奥さんは、背中に赤ん坊をおんぶし、体の下に子供をかばったまま死んでいるようだ。傍らにいた女性が赤ん坊をほどいて、自分の背中にくくりつけた。

この奥さんは体の下の子を殺そうとしてナイフを持ったとき、敵の弾丸に当たったものだが、ほかの女性たちも、子供の首に紐をかけて締めている。他人に頼み、わが子を成仏させる母親もいた。昇天した子供たちの顔には、白い紙がかぶせられている。

生き残った人たちは、草原や溝からはい出した。

「あの人たちについて行きなさい」

そして、連絡兵の女房が言った。

とぎれ、とぎれ、虫の息。それでも「水、水」と言う。

あの姉弟はまわりに散らばる水筒を拾い、わずかな水を集めて母に飲ませ、そこにうずくまっている。姉弟は毛布を拾い集めて母にかけた。

山の方で動物の鳴き声がしている。狼かも知れない。

そこで将軍には何も見えなくなった。

しかし、また間をおいていろいろ見えるようになった。

夜が明けていた。連絡兵の女房は死んでしまった。その周囲には、死んでしまったお母さんの乳房を無心に吸う赤ん坊がいる。それも一人や二人ではない。あっちでもこっちでも、数えきれないほどだ。

遠くに人影が見える。現地人が籠を背負っている。落ちている衣類や死んだ人たちの着ているものを剝ぎ、指輪や腕時計をはずしている。

あの姉弟が歩きはじめると、小学校一年生ぐらいの男の子がついて来る。

子供たちのしゃべっている言葉が、とぎれとぎれに聞こえてくる。意味不明の箇所もあったが、わかるところをつなぐと、その子のお父さんは召集で軍隊にとられ、お母さんは逃避中、きのう死んだそうだ。

子供ばかり三人でそこを出発した。拾ったお菓子を三人で分けてポケットに入れ、南に向かっている。

しばらく経つと人数が増えていた。同じ年ごろの男の子がいっしょに歩いている。

唐キビ畑の端に大人が三人、立っていた。初老の男と若い女性二人だ。三人の大人におくれないようにと、四人の子供が走るようにしてついていく。

線路があった。その先に駅がある。駅には大勢の人影が見え、例の大人三人は、ようすを見る振りをして人混みに入っていった。

「葛根庙」である。駅には大勢の人影が見え、例の大人三人は、ようすを見る振りをして人混みに入っていった。

この大人たちは、もう二度とふたたび、子供たちのところへはもどって来なかった。

雨が降り出した。子供たちが立っている畑は、そのまま池になってしまった。

そこで目の前が真っ暗になって、そして根本将軍は目をさました。いままで見ていたものはみんな夢だった。

生まれてこのかた、見てきた夢はみんな短いもので、パッと消えて、まったく違う場面になることが多かった。それに色彩も白と黒だった。

ところが、さっき見た夢は途中、ほんのわずか中断しただけで、実生活のように人間の動作がつづいていた。

色彩も終始ついていたわけではないが、パッと白黒が赤や黄色に変わることがあった。まったくはじめての経験である。

それにしても満州の居留民は、ソ連軍侵入後、言葉や文章では表現できないほどの苦労を重ね、都市にとどまる者も故国をめざす者も、ずいぶん生命を落としたそうだ。

あの連絡兵はどうなっただろうか。どんな境遇になっても、己れ一人だからなんとか切り抜けることもできるが、女房と子供はそうはいかぬ。いま見たばかりの夢のようにならなければいいが……。

折りも折り、あんな夢を見るというのは、
「駐蒙軍が防波堤にならなければ、四万の居留民は、あの夢と同じ運命をたどるのだ」
という神のお告げのように根本には思えた。

ひらめいた妙案

ソ連軍の攻撃は日増しにオーバーとなっているが、居留民の後退が終了するまでは、なんとしても丸一陣地を死守、敵を食い止めなければならない。それには敵襲を中断させることが肝要であると、戦略家・根本将軍の頭に妙案がひらめいた。

張家口から南東方向へ脱出させるためには、相当の日時が必要である。軍使を立て、まことしやかに交渉の真似事をして、列車準備の時間を稼がなければならない。

軍使中川少佐、随員加藤中尉、同川村軍曹を選任、出発しようとするとき、司令部勤務の軍属でロシヤ語通訳官の沖森収三が通訳を志願した。彼は毅然として、

「私はロシヤ語で軍に奉公して来ました。この危急のとき、私のロシヤ語でお役に立つことができれば、私の身はどうなってもかまいません。ぜひ行かせて下さい。行ってすこしでもこちらの気持が先方に通じれば、かならずなにがしかのお役に立つでしょう。

私の最後の御奉公は、このさいをおいてほかにないと思います。死生は度外視しています。

たとえ敵弾に倒れても悔いることはありません」

と固い決意を示した。

同胞のためみずから進んで死地に身を投じようとする彼には、妻と二人の子供がいた。危機迫る張家口に住んでいる。その後、彼の家族は他の同僚たちとともに張家口を脱出、北京経由でぶじ日本に引き揚げることができた。

さて、その日、軍使一行は、銃砲声のとどろく中、白旗をかかげて丸一陣地のある峠を下っていった。

坂を降りながら、中川少佐はつぎのような話をした。根本将軍の知り得た情報らしい。

満州里の関東軍は、ソ連軍侵入の前日、いずこへか姿を消し、将校の家族も列車で後退したという。残された鉄道警備隊（隊長山田少佐）はわずかな警備用の武器を持ち、宮の原台地でソ連軍の前進を阻止。その間にジャライノール地区の邦人は、ことごとく脱出に成功したという。

しかし、警備隊は全員玉砕したらしい。

また、牡丹江地区の関東軍石頭予備士官学校の生徒七百数十名は八月十三日、爆雷を抱いてソ連軍戦車に飛び込み、全員戦死したという。

ソ連侵入後、関東軍命令はほとんど各部隊に達せられていなかった。したがって、それらはすべて独断専行であるが、そのおかげで助かった邦人は決して少なくないはずである。

軍使一行が峠を降りきったところに小屋があり、その中からソ連兵が飛び出して来た。ひどく小男だった。ロスケは雲突く大男ばかり、容貌魁偉と決めつけていたが、彼らと戦うようになって日本人の思い込みが事実とまるで違っていることがわかった。日本人より背が低く百五十センチそこそこのやつもいれば、百八十センチを越す大男もいる。日本の家屋なら、しょっちゅう鴨居に頭をぶっつけてしまう。

容貌も東洋的、西洋的、そしてそのどちらにも入らない妙なやつもいる。なにしろ六十種以上の人種が欧州ソ連と広大なシベリヤに散らばっているそうだ。

それはともかく、その小男に、

「指揮官に合わせて欲しい」

と交渉をはじめたら、中佐があらわれた。この男は、さっきの小男とは比較にならぬほど背丈があってがっしりしている。

「それにはいろいろと手続きが必要である」

そのほかにも、もっともらしいことをずいぶんいわれた揚句、アメリカ製のジープに乗せられた。

不ぞろいな兵隊が、ウジャウジャいる中を二キロほど走ったところで降ろされた。身につけていた軍刀、帯剣、拳銃など、武器と名のつく物は一切取り上げられてから、交渉がはじまった。

わざわざ二キロもはこんで来たのに、交渉の相手は同行して来た大男の中佐である。それにせっかく少佐を長とする軍使一行が来たのだから、彼らの本陣で行なわれると思っていたのに、その予想はみごとに裏切られた。

両者が立っている場所は、張家口から外蒙古の主都ウランバートルに通ずる街道である。

あたり一面、背丈ほどの茅が生えていた。

交渉は遅々として進まない。彼は己れの責任になることを極力回避し、言葉のアヤではぐらかそうとしているのが手にとるようにわかるのだ。

すったもんだのすえ、ソ蒙軍の要求を呑んだ形となった。

「ソ連軍の武装解除をうける」

と約束させられてしまった。

「さあ帰ろう」

中川少佐の声に励まされて一同、武器の返還を要求すると、

「その必要はない。もうすぐ武装解除である。君たちだけ、ほんのわずか前に実施するだけである」

「それは違う。日本の駐蒙軍は、そろって行動をともにすることになっている。ここで武装解除はできない」

いくら中川少佐がねばっても、大男の中佐は両手を大袈裟に振るだけ。仕方がないので、あきらめて帰ろうとすると、

「ちょっと待て、その二人はここに残れ」

と加藤中尉と川村軍曹を指さした。

白旗を掲げた軍使が来れば、戦闘の一時ストップは常識で、中川少佐らの軍使を発見したときから戦闘は休戦となっていた。だから、時間稼ぎは一応成功したわけで、武器を没収さ

れてもそれはあきらめよう、と思っていた矢先、凄い難題である。

敵は人質作戦をとったつもりだ。

「それは困る。二人をおいて帰る理由がないではないか?」

「ニーハラショウー」

大男の中佐は突然、大声でがなった。ダメだと言うのである。

「かならず約束は守る。だから、いまは全員帰してくれ」

「わからんやつらだ。いまから五、六時間後には全軍武装解除をうけるはずではないか。そのときまでこの二人を預かっておく。当たり前ではないか。かかる場合、かかる処置をとるのは当然である。

同じ日本軍隊でも、関東軍と大いに違う。お前たちはクズだ。関東軍は十五日、武装解除して各収容所に収容された。列車および輸送船の手配がつき次第、日本に送られることになっている」

「一般の日本人は?」

「これは関東軍より先に送還される。もう輸送の最中だろう」

彼らの言葉は嘘ばかり。一般の日本人をソ連側が輸送しているなどとは聞いていない。嘘とわかっていても、話をすれば時間稼ぎにはなるだろう。

「重ねて言う。五、六時間後の武装解除まで二人を預かっておく」

とたたみかけられて、中川少佐には反撃の言葉がない。

交渉の最後で中川少佐は、

「それでは、五、六時間後に、わが軍はソ連の武装解除をうけましょう。これから帰って本部に報告する」

と口をすべらせてしまった。だから、そこで大男のソ連中佐は、

「帰れ。早く帰って報告しろ」

と言ったのである。

しかし、司令官がソ連の武装解除をうける気持は毛頭ないことがわかりすぎるほどわかっている。だが、一度口をすべらせてしまったから、いまさら変更はできない。中川少佐がいささかひるんでいるところを敵が見抜いたらしく、

「さっきは五、六時間後に武装解除と言ったが、それを三時間に変更する。三時間以内に全軍がこの地点まで来て、わが軍の武装解除をうけよ」

冗談ではない。片道の所要時間は一時間半だ。だから、中川少佐らがすぐ出発しても、張家口に到着するのに一時間半かかる。部隊がすぐ出発しても、この地点まで所要時間は一時間半。合計三時間だ。全部隊の集結など思いもよらない。

しかし、武装解除などてんでする気はないので、時間を限定されても痛くもかゆくもない。だが、加藤中尉と川村軍曹を人質によこせと言われても、適当な逃げ道はない。

武装解除のとき、解放してやるといわれても、敵の言葉が筋が通っているだけに、返す言葉がないのである。

ところで、この交渉は終始、立ったままで行なわれ、ソ連軍中佐に指名された加藤中尉と川村軍曹はその全部を見聞しており、とくに川村軍曹はロシヤ語がわかるから、すでに沖森通訳の言葉の意味が理解できているようだった。

「君たちは残ってくれるか……。すまん」

中川少佐の低い声を、二人は黙って聞いていた。

数時間後に武装解除して二人の身柄を引き取れるならしばらくの辛抱だが、そうではないから、帰る者も残る二人も別れは辛いのである。

中川少佐と沖森通訳はジープに乗せられ、彼我両軍の中間点で降ろされた。

二人は峠への道を歩いて司令部にもどり、中川少佐が詳細に報告した。

約束の三時間はまたたく間にすぎて、耳をつんざくような砲声と、豆をいるような乾いた銃声が聞こえ、わが軍もこれに応戦した。

加藤、川村の二人はどうしているだろう。

三時間後ではないにしても、いずれ武装解除のはこびとなるだろう。そうなれば、生かしたまま日本軍に返してはならぬ、とソ連軍はあの二人の生命を奪うかも知れない。いや、そんなことはあるまい、と沖森通訳は思ってみるが、しかし、それは日本流の考えであり、得体の知れない彼らのことだから、約束の時間が経過すれば、バッサリ殺《や》ってしまうかも知れぬ。そんな不安が、雲のように胸のうちでひろがってゆく。

軍使の帰還

沖森通訳は中川少佐に申し出た。

「もう一度、交渉に行かせて下さい」

「ムダだと思うよ。昼間の交渉でわかった。とてもじゃないが、箸にも棒にもかかるような連中じゃない。ノコノコ出かけて行けば、人質になるのがオチだ。ムダだとわかってることはやらんほうがいい」

それは理屈だ。仲間が殺《や》られるかも知れないのだ。ムダとわかっていても放っておけるか。仲間のためならイチかバチかやってみるのが日本人なんだ。沖森はそう思ったが、上官に対してそうは言えない。だから、

「ではありますが、なんだか交渉の余地がまだ残されているように思えてならないのであります」

そんな意味のことを土台にして、長々としゃべってみた。

中川少佐に向かい、夢中でまくしたてていたため気づかなかったが、根本将軍が沖森の後で聞いていたらしい。

沖森の横に来てから、

「きわめて危険な任務である」

「承知しております」

「ひょっとすれば……」

「わかっておるのであります」

「では行ってくれるか」

そう言いながら、根本が沖森通訳の手を強く握った。

通訳といってもたかが属官である。平時なら中将は雲の上の存在で、声もかけてもらえる立場ではない。

雲の彼方の神様みたいな中将に手を握ってもらい、言い知れぬ感激が身体の中を駆けめぐる。

「沖森通訳、交渉に行ってまいります」

「うん、軽挙妄動をつつしむのだ。生きて帰れよ」

「ハイ、生きて帰るであります」

さっそく、敵に伝えるべき条件を数ヵ条翻訳して、紙片に書きこんだ。

「武装解除をしばらくの間、待って欲しい」という意味を中心にすえ、降伏する気があるようにほのめかし、その間に得体の知れない言葉をはさんだ。相手がひとくせ、ふたくせどころか、とくせもある連中だから苦労する。

日が暮れ、雨が降ってきた。敵のウジャウジャひしめく中を潜行するには、こんな状況がいいかも知れぬ。

汚れてカーキ色が黒っぽく変色した雨合羽を選んで着用し、いざ出発。そのとき、兵隊が白いものをヒラヒラさせて飛んで来た。

「いまそこでお話を聞いてたんです。白旗をかついでいかなきゃ撃たれますよ。これを持ってって下さい」

属官の沖森には地方言葉がいいと思ったらしく、居留民の日用語で話しかけてきた。一人でいま一度、敵陣に乗りこむのは正直いって命がけだ。だから、恐怖心を克服するため頭に血がのぼってしまって、肝心の白旗を持つのをすっかり忘れていた。

これで命拾いしたようなものだ。

兵隊の持って来たものには、二本の紐がついている。越中褌だった。やや黄ばんでいるところを見ると、使っていたやつかも知れぬ。

彼らに、白旗をかかげた軍使と認識させればいいわけで、股間のやつを引っ張り出したのでもかまわない。あの兵隊の身代わりがついているようなものだ。いずれにしてもありがたい。

「命がけですね。一人で大丈夫ですか？」

小さな声でささやいた。弾丸が飛び交う戦場では、そんな言葉は禁句である。だから兵隊は、沖森通訳の耳に口をつけるようにしてささやいたわけだ。

「命がけでも行かにゃならんのです。張家口に集まった人たちをぶじに送り出すまで頑張らなければ……」

と言い、表情をこわばらせて、

「わしの妻子も張家口にいるんです。ロスケが攻めこんで来てから、ろくに逢ってませんがね……。あれもぶじに内地へ……」

沖森通訳の言葉はそこで切れ、南の方を見やった。

通訳の宿舎は張家口の住宅街にある。二人が立っている場所から南の方だ。

「ありがとうございました。では……」

沖森通訳は、兵隊のように挙手の礼をして北に向かって出発した。

彼は歩きながら作戦を樹《た》てていた。夜通し歩いて敵の背後に出よう。後方の警戒は手薄のはずである。そして、夜明け近くになって敵の本陣近くにあらわれよう。

そんな作戦を立てて山の尾根伝いに北進をはじめたところ、敵陣から絶えまなく曳光弾が飛んで来る。

敵に発見されたかも知れない。薄気味悪い曳光弾の照明圏から、早く姿を消さないとやられてしまう。

尾根の南側、九合目あたりの岩肌を、転がりながら雑草をつかんで北進した。暗いので手当たり次第に雑草をつかむから、たまに茅が混じっていると悲惨だ。あの堅い葉っぱの周辺は鋭利な刃物のようで、これをワシづかみにすると、手の皮がザックリ切れて肉を刺す。チリチリ痛む。血も流れているだろう。

雨は降りしきる。八月もこのころになると蒙古の夜は寒い。

岩を這ったり、木立を抜けるのにボロ合羽は邪魔だ。とうに捨ててしまったから、雨は薄い綿服を通して、ヘソまで濡らし、腰のベルトで止まった水は、ぬるま湯のようにぬくもって妙な気持だ。

それでもどうやら数時間も歩いたと思われるころ、眼前に黒くて大きい壁が立ちふさがっていた。

「万里の長城」であった。

長城のそばに茂る草の葉かげに座って今後の作戦を練った。

長い壁がうねっているだけで、階段らしい物は見当たらない。この壁を越える方法をいくら考えてみても、妙案は浮かんでこなかった。

「いったん司令部に帰ろう。出なおそう。昼間通った道を行こう。白旗をかかげていれば、よもや撃たれはすまい。撃たれたらあきらめるさ」

と決心し、山肌を斜めに数時間歩いて陣地に立ち寄り、経過を報告した。

前夜、沖森が出発してまもなく丸一陣地とその周辺で激戦があり、敵に多大の損害をあたえたが、友軍にも死傷者が出たらしい。

いずれにしても張家口への侵入は許さなかったようだから、居留民に被害はなかったものと思われる。

兵隊が、「大変な戦闘だった」と語り出したときは、ヒヤッとして一瞬、妻子の安否を思ったが、

「丸一陣地で食い止めた」と聞き、ホッとして出発した。

暗い峠を下って、夜明け前にはなんとしてもソ連軍の前線まで到着したかった。

夜明け近く、ガマガエルのように草の根を這っていたら突然、

「ストイ（止まれ）」

の号令がかかり、見上げたらソ連軍の中尉が立っている。初老と思われるその中尉は、悪党ではなさそうだ。

「なにをしているか？」

「これを読んでくれ」

沖森の差し出す紙片を見た中尉は、

「ここではまずい。後方へ行こう」

沖森の手わたした紙片を持って中尉が去った。入れ替わりにあらわれた若い兵隊が、剣付き鉄砲で守ってくれた。

ソ連の銃はマンドリンばかりと思っていたが、そうでないのもあった。彼らソ連兵の小銃は、銃身の中間あたりを取り巻いて丸い弾倉が装着されている。弾倉の直径は三十センチほどあって肩にかつげないため、いつも胸にかかえるようにして前進する。

遠くで見ると、楽士がマンドリンを抱えているように見えるので、日本兵は幾分、さげすみの意味も込めてマンドリンと呼んでいた。

ところが、沖森を護衛しながら監視しているらしい若い兵隊は、日本式の小銃をかまえていた。関東軍の武装解除で没収した小銃を、ソ蒙軍に支給したのではないか。

「自分の物は自分の物、他人の物は自分の物」

81　軍使の帰還

それは吝嗇《りんしょく》を揶揄《やゆ》した最底の諺だが、彼らの親分、つまりモスクワの指導者たちも負けず劣らずらしい。

満州では関東軍や開拓団の倉庫、市街地の日本人街を荒らし、食糧から家財道具一式、はては将兵の時計、万年筆まで奪っているそうだ。関東軍の武器を流用するくらいお茶の子かも知れない。日本も飛んでもないやつに見込まれたものだ。

身体全体が震えはじめた。この若いソ連兵が恐ろしいわけではない。身体じゅうびしょ濡れだから寒いのである。

「寒くてやりきれない。君の合羽の下に入れてくれよ」

「ダメだ。見つかったらことだ」

「びしょ濡れだ。寒くてたまらない。頼むから入れてくれ」

外国人同士、敵であっても言葉が通ずるというのはありがたい。こんなやりとりのうちに親しさが湧いたようだ。

「ちょっと待て、いまあそこをわが軍が行進しているから……。あれが通りすぎたら入れてやるよ」

ソ連軍将兵が丸一陣地の方角に行進している。

それから幾度も合羽に入れられたり出されたりしているうち、数名の将校が日本軍の作戦状況を尋問に来た。彼は何を聞かれても、

「自分は通訳である。したがって、作戦とは関係ないから何も知らない」

の一点ばりで押し通した。

「かりに通訳であるにしても、任務の性質上、軍司令部に出入りしているはずだ。見聞したことを話せばいいのである」

と執拗に責めたてるが、事実、何も知らないのだから、確信を持ってそう答えるしかない。沖森の返事が堂々めぐりしているのに腹を立てたらしい若い少尉が、拳を振り上げた。そいつが沖森の頰にぶち当たる直前、初老の大尉がその腕をつかんで、やっと尋問が終わった。

何も食わないから腹は減るが、ありがたいことに、沖森が捕まってから、銃砲撃は行なわれていない。静かなものだ。

それからは、例の合羽に入れてくれた若い兵隊と二人だけだった。

三時間ほどたって、最初に沖森を発見した中尉があらわれ、

「お前、もう帰れ」

と言う。

「回答を下さい」

「そんなものはない」

「手ぶらでは帰れない」

彼らの攻撃を休ませるための作戦だから、簡単には引き下がれないのである。

「人質になった二人を返してもらおう」

「そんなことはできぬ」

「ならば逢わしてくれ」

「無茶ばかり言うな。そんなことできるはずがないだろう」

「将校だもの、そのくらいなことはできるだろう」

「おれは司令官でも参謀でもない。ただの中尉だ。わかっているくせに無理を言うな」

「武装解除のとき、人質を返すという約束だ。したがって生きているはずである。逢わせるくらいなんでもないだろう」

「くどいな。ダメだ」

「では、遠くからでもかまわない。ひと目でいいから見せてくれ」

「ここにはいない」

「どこへ連れて行ったんだ？」

「知らない。もし知っていても教える義務はない」

ノレンに腕押しというか、禅問答といえばいいのか。

二人の掛け合いは堂々めぐりだが、沖森としては時間稼ぎだから、人質の件まで持ち出してみた。加藤中尉と川村軍曹の身の上を忘れてはいない。あのとき約束した三時間は、ずっと前に過ぎ去ってしまった。二人の生命は……。

「車で送ってやるから帰れ」

と言われ、ジープに乗せられた。ソ蒙軍の最前線で降ろされ、運転してきたあの中尉に、

「ここから歩いて帰れ」

とうながされ、重い足を引きずりながら歩き出した。

後ろからズドンとやられればお陀仏だ。生きた心地もなく背筋が冷たくなったが、嬉しいことにそれは杞憂だった。

峠の頂上に近づくと、

「コラッ止まれ。何者だ」

と日本語で誰何《すいか》された。

「お前は何者だ」

通訳という職業柄、開戦前からソ連人、満州人、蒙古人と接触があり、沖森が名乗らない前に名前を聞かれたことはあるが、同じ日本人から、「何者だ」と言われたのははじめてだ。流暢《りゅうちょう》な日本語で話し出した。日本人だから〝流暢〟というのはおかしいが、相手に信じさせないことにはドスンとくるかも知れぬ。

沖森の発音には出身地の関西なまりが入るので、慎重に標準語をしゃべったつもりだが、信じてもらえない。

思えば、しゃべってもしゃべっても説得できない不運な日であった。

「司令部に連絡してくれ、私は軍司令部の沖森だ」

と、身分を明かしても長い間、待たされた。

やっと疑いが晴れ、司令部にたどり着いた。

「よくもまあー生きて帰れたな」
「運の強いやつだ」
からかわれたり、ねぎらわれたり。自然に涙が出てきた。嬉し涙というやつだろう。

不滅の教訓

中川少佐、沖森通訳ら四名が張家口を出発した後の日ソ両軍の交戦状況であるが、その夜撃退したはずのソ蒙軍は、夜が明けるとふたたび攻撃を開始し、丸一陣地正面に掘った対戦車壕をへだてて、激しい攻防をくり返していた。午後になると、ついに敵装甲車は、わが対戦車壕を越えて陣内に突入して来た。

しかし、わが勇敢な歩兵の肉薄攻撃を受けて、十五台の装甲車を乗り棄てて退却した。

この戦闘は、昼間行なわれたため、損害はうけたが、わが軍の士気はますます高揚したのである。それから敵の攻撃がハタとやんだ。中川少佐ら軍使が到着したためであろう。

ソ連軍の作戦は、攻めるも退くも目茶苦茶。兵隊一人一人が勝手気ままだが、白旗を掲げた軍使が到着した場合だけは、全線が「撃ち方やめ」になるから不思議だ。

その休戦中、大本営からつぎのような命令が入った。

一、総司令官は、即時戦闘行動を停止すべし。止むを得ざる自衛の戦闘行動はこれをさまたげず。

二、各軍司令官は戦闘行動を停止せば、その日時を速やかに報告すべし。

右の大本営命令が到着したが、これとはうらはらに歩兵師団の兵がぞくぞくと張家口に到着した。駐蒙軍から上海に抽出させられた歩兵師団を返還して欲しい旨の要請をつづけていたためである。

彼らの乗って来た列車は、そのまま張家口に留めおいた。居留民後送のためである。

一方、北京の方面軍には、張家口に集結している居留民四万人の受け入れ準備を申し入れ、方面軍からは、この要請にもとづいて万全の手配を完了した旨の通知があった。

先に書いたごとく歩兵師団を輸送して来た列車は、居留民を北京まで送りとどけるためそのまま留置してある。この列車にしても、留置に反対する野戦鉄道部に三拝九拝、懇願を重ねたうえの足の確保であった。

しかし、軍が勝手に居留民を後送することは不可能で、かならず張家口駐在の公使に申し入れ、大東亜省の認可を得るべし、という平時そのままの規則が介在している。

本来ならば、関東軍のように作戦は軍、居留民に関する事項は政府と割り切った措置をとってもいいのである。駐蒙軍が、奥地の居留民を張家口まで後送し、そこから北京まで送ろうと列車の配慮まで行なっているのに、張家口の公使はまるで煮えきらない。他国の事件に対するようでなんとも歯がゆい返事であった。

「大東亜大臣からの電報訓令によると、わが居留民は現地に留まり得る者は、なるべく多く現地に残し、万やむを得ない者だけ国内に引き揚げさせる方針なので、出先機関はこの主旨に添って措置するよう訓令されている。いまただちに軍の申し出に応ずることはできない。

軍の要求は一応、大東亜大臣に上申して、その指示にしたがって行動する」と回答してきた。

大東亜省は、満州居留民の悲惨を充分承知していないのかも知れない。

「前車の覆るは後車の戒め」――これは前の人の失敗が後の人のいましめとなる、という諺だが、これはもう諺の域を脱して処世訓とされているのだ。

大東亜省は、満州と同じ失敗をふたたび犯そうというのか。根本将軍は居留民四万の生命を考え、怒り心頭に発した。

根本は不滅の教訓を思い出した。

「倚《い》門《もん》の望《ぼう》」――母が他国にいるかわいいわが子の帰るのを待ちわびている心中を言いあらわしたものである。

話はそれるが、筆者が東京遊学中、夏、冬、学年末の長期休暇に帰省すると、故郷の家の一室に、筆者が中学生のときに着用した学生服、学生帽を下げてあった。

物ぐさでしまわなかったのではない。田舎屋だからいくらでもしまう場所はあるし、母は小マメだった。高校から大学卒業までずっとそうだった。学校を出てからは学生服が背広に変わっただけである。

親子の身体は遠く離れていても心はいつもいっしょ、というつもりのようだった。

帰省しても、休みが終わり、東京へ帰るころになると、母は妙にそわそわしはじめた。そしていよいよその朝、筆者の姿が見えなくなるまで母は門のところにたたずんでいた。

そして卒業し、新聞記者になって一年、応召して満州に出発するとき駅頭の別れで、筆者を物かげに呼び、

「お前はオチョンキだから、くれぐれも注意するんだョ。まちがっても決死隊なんかになって飛び出すんじゃない。勝敗は時の運。お前ひとり死んだって、日本が勝てるもんじゃない。生命を落としてはダメ。かならず生きて帰るんだよ」

という。神風特攻隊などという戦法が賞賛され、お国のために身を捧げる者が勇士として賛えられているときである。

戦陣に向かうわが子に、「生きて帰れ」と言うは卑怯者のそしりをうけ、「非国民」とののしられた。だから、たとえわが子に対してでも、母は勇気を振りしぼったのではないか。物かげに筆者を呼んで言ったのも、「万歳」「万歳」に酔っている見送り人に知られたくなかったからだ。

オチョンキというのは信州塩尻辺の方言で、よく言えば俠気、悪く言えば軽率の意味であるが、母の指摘する通り、根がオチョンキの筆者は、終戦も知らずに満州の広野をさまよい、ソ連と遭遇すれば、徒手空拳にも等しい旧式歩兵銃と銃剣だけで闘い、時に決死隊長となって敵陣に突っこむ、という暴挙をあえて行なった。親不孝のサンプルのような男であるが、母の思いが神の心をゆさぶったのか、シベリヤの戦犯収容所における就労種別を決定する身体検査でダモイ(帰還)の決定を受けた。

その検査は重労働である屋外作業か、軽労働または作業休などを判定するもので、ダモイ

を決定するものでは決してなかった。にもかかわらず、担当の女医は「ハラショウ・ダモイ」と言って全裸の筆者の片腕をつかみ、尻をポンと叩いた。筆者は、三年余も女体に接していないせいか、輝くようで美しく見えた。年のころは三十歳前後、ソ連女性にしては小柄だった。

それはともかく昭和二十三年の暮れ、筆者は懐かしのわが家に着き、母にせかれるまま、汚れたソ連服も着替えず墓に詣で、ぶじの帰還を先祖に報告した。

ましてや軍人にあらず一般女子が、さい果ての蒙古で、敗戦の辛酸をなめ、生命の危機に遭遇しているとなれば、親は夜も眠れないであろう。

根本将軍は司令部の当直者に毎夜零時以後、ひそかに重慶の放送を聞かせていたが、その内容をかいつまむと、

「今後の日本は、四つの島だけが領土となり、海外に住んでいる日本人は、ことごとくこの四つの島に送り返され、海外にある日本および日本人の財産は、国有、私有をとわず全部没収される」

というのに、大東亜省という役所は浮世離れしている、とあきれ、

「古の大宮人は暇あれや桜かざして……」

という古歌を思い出し、公使の処置をすこし待ってみようと思った。

くりかえすが、ソ連軍を他のヨーロッパの軍隊と同一視してはならない。話がわかる相手ではないのである。だから相手が要求するように、第一線の抵抗をやめれば、将兵は捕虜に

されて、シベリヤあたりに拉致され、集結している四万の同胞は惨殺されるにちがいない。そして国策遂行のためにはどんな非情なことをもあえてする。強く抵抗する者には手びかえるが、背を見せる弱者に対してはトコトン残虐な行為におよぶ。

さて、ソ蒙軍を撃退した後の丸一陣地は、引きつづき到着した歩兵師団の三大隊と工兵一中隊を増援して、破壊された対戦車壕を修復し、その壕底と陣内の要所に、多くの地雷を敷設して、昼夜兼行で陣地補強を行なった。

戦略家の大芝居

十七日、ソ連軍の飛行機が張家口市街と丸一陣地を爆撃してビラをまいた。ワシリエフ元帥名で、

「日本は周知のごとく降伏した。関東軍は日本天皇の命令にしたがい降伏した。にもかかわらず、張家口方面の日本軍指揮官だけが、天皇の命令にそむいて、戦闘をつづけているのは許せぬ。ただちに降服せよ。もし降服せずに今後もなお戦闘をつづけるならば、その指揮官は戦争犯罪人として死刑に処すほかはない」

というような意味が書かれてあった。

この空襲の直後、またも丸一陣地前に軍使が来て、ビラと同様趣旨の申し入れを行なった。返事を手にするまで帰らないと居なおっている。

それをうけて軍参謀部では、

一、既定方針通り、ソ蒙軍による武装解除は拒否すべきである。
二、傅《ふ》作義の来着は見込みが立たないから、ソ蒙軍による武装解除もやむを得ない。これ以上戦闘をつづけては、無意味な犠牲者を出すにとどまらず、累は司令官にもおよぶのだから、この辺でソ蒙軍の要求を容れるべきだ。

との二説が対立して激論となった。

その席に根本将軍がいないので、司令官の出席を要請し、ふたたび議論がはじめられた。およそ論議が尽くされたころ根本は、

「綏遠、チャハル、熱河の三省は、傅作義の属する中国軍の作戦担当地域であることは間違いのないところである。ここの日本軍が頑張に抗戦しているのならばともかく、日本がすでに降伏している今日、ソ蒙軍が中国軍の担任戦区にまで立ちいたって、日本軍の武装解除を行なう義務もなければ権利もない。

にもかかわらず日本軍の武装解除までやろうというのは、ソ蒙軍に汚ない下心があるからだ。すなわちソ蒙軍は、日本軍の武装を解除して、その武器を中共軍にあたえ、それを補強し、国民党(中央)軍が、重慶から来る前に、共産八路軍に北京、天津地方を領有させ、満州から黄河以北を、中共の地盤として、中国赤化の実力培養をねらっていると思われる。

現在、われわれが持っている武器を手に入れた八路軍が、その足で北京、天津に迫ったならば、北京のわが方面軍にも、これを阻む力はないので成功すること間違いなし。

ひるがえって今後の国際情勢を見ると、わが日本は、無条件に降伏したのだから、いつに

なったら独立が許され、国際的発言が許されるとの予測も立てられない。この日本の没落による空白時代に、アジアを代表し、アジア民族のために発言し、われわれの利益を擁護し得るものは、中国国民政府以外に見当たらない。

日本は不幸にして失敗したが、この失敗に自暴自棄となり、昨日まで敵であった、という狭い考えで、将来の善隣たるべきアジア民族、とくに中国に損害をあたえることは、日本の自殺を急ぐにひとしい。

われらは大悟一番、昨日の敵は今日の友であることを思い、われらの持つ一銃一馬といえども、これを国民政府の強化に役立たせることを考えるべきだと思う。したがって、私はいかなる苦しい立場になろうとも、われらが所持している武器は、ソ蒙軍と中共八路軍に渡すことはできないのである。

私を戦犯人にしようなどという考えは笑止のかぎりである。私が戦死したら、戦犯人にしようとしても、目指す当人がこの世に存在しないのだから、どうしようもないであろう。

もし諸君の中に躊躇《ちゅうちょ》する者がいるならば、私自身が丸一陣地に赴いて、ソ軍の軍使を追い帰そう。もしそれが不可能ならば、敵装甲車に体当たりして死ぬだけのことだ。私はいまから丸一陣地に出かける」

と言って席を立つと、参謀一同は総立ちとなり、涙を流しながら、

「司令官の決心はよくわかりました。ソ蒙軍軍使に申し入れを拒絶、追い帰すのは、われわれが直接やりますから、司令官は司令部にとどまっていただきます」

十八日は丸一陣地に対する攻撃が朝からはじめられた。十六日に昼夜兼行で埋設した地雷その他の障害物がきわめて効果を発揮し、敵軍は容易に壕を越えられない。

といい、応援に来ていた泉参謀が丸一陣地に急行した。

対戦車壕をはさんでの戦闘がつづけられているが、このように緊迫した状況を、公使は充分に承知しているはずだが、公使から居留民引き揚げについてはナシのつぶて。参謀長を公使館に派遣して、

「ご承知とは思うが、ソ蒙軍は今朝来、攻撃を開始した。戦況次第であるが、場合によってはソ蒙軍による武装解除を拒否するため、わが駐蒙軍は張家口を放棄して退却することがあるかも知れない。その場合、居留民の生命、財産は公使に一任して、軍は居留民にこだわることなく、作戦的見地にもとづいて進退を決する」

と申し入れを行なわせた。

これはいかにも無慈悲な申し入れであるが、机上の空論をもてあそんだり、親方日の丸を決めこむときではない。

大東亜省は敗戦と内閣更迭《こうてつ》でテンヤワンヤ、仕事も手につかず、公使の請訓など読みもせず机上に放り出してあるにちがいない。したがって、独断では行動できない公使に、

「軍から迫られて居留民を引き揚げさせた」

という口実をあたえてやるために打った戦略家・根本将軍の大芝居であった。

一方、傅作義は、共産八路軍に鉄道を破壊されて張家口へは出られない。したがって、駐

蒙軍が傅作義軍の手によって武装解除をうけることは絶望的だ。

そこで居留民が引き揚げたら、八達嶺の線に後退し、北部山西の部隊は、そのままの土地に残して太原の第一軍司令官の指揮下に入る案を立て、参謀長と作戦主任に、実施案の作成を命じた。

この日、支那派遣軍総司令官より根本司令官あて、つぎのような指令が達せられた。

『蒙疆方面におけるソ軍の不法行為に対し、貴軍の苦衷察するにあまりあり。しかれども詔勅を体し大命を奉じ、真に堪え難きに堪え、忍び難きに忍ぶ秋たるをもって、本職は大命に基づき血涙を呑んで、総作命第十二号のごとく、あらゆる手段を講じ、速やかに我より戦闘を停止し、局地停戦交渉および武器引き渡し等を実施すべきことを厳命す』

右の来電により、駐蒙軍よりつぎのような返電を打った。

『少なくも二～三日、なし得れば一週間の余裕を得る目的をもって、さらに交渉続行につとむるも彼にして応ぜざる場合は、最小限の時日の余裕を得る目的をもって、隷下の総兵力を結集し、断固、外長城線要域において、敵の進出を抑止するため、最後まで戦うごとく決意しあり。

大東亜省の指示は本職と反対にて居留民の引き揚げを遅延せしめたるをもって、只今、張家口にて四万余の日本人あり。

ソ蒙軍は、延安と気脈を通じ、重慶に先立って張家口に集結し、その地歩を確立せんがため、相当の恐怖政策を実施せんとしあるがごとし。

撤退に関しては、重慶側の傅作義は張家口の接収を提議しきたり、日本人の生命財産を保護すべきも、もし延安軍またはソ蒙軍らに渡すならば、その約束は守り得ずと申しあり。

本職は傅作義の申し入れに応じ、八路軍およびソ蒙軍の侵入は、敢然それを阻止する決心なり。たとえ逆賊といわれようとも戦うつもりである。その決心が国家の大方針に反するならば、ただちに本職を免ぜられたし。至急、何分の御指示を待つ』

＊

支那派遣軍総司令官から武装解除に関する訓電があり、それに対し根本将軍が返電するなど司令部内も緊張につつまれたが、一方、丸一陣地に対するソ蒙軍の攻撃も激しさをくわえてきた。だが、対戦車壕に布陣したわが軍が頑強に抵抗したため、ソ蒙軍装甲車が陣内に突入したときには、すでに日が暮れていた。

闇にまぎれて躍り出た勇敢な歩兵がそれに火を放ったため、二十五台の装甲車が火だるまのようになって炎上した。

近代兵器を駆使するソ蒙軍は、生命を的の単独戦闘を知らないから、わが決死隊の意のままになったのである。それに彼らは暗夜の戦闘も好きではない。

この対戦車壕で意外に時間を費やしたため、日暮れ時になってようやく障害物を除去し、進路がひらけたものの、朝まで待てば、また壕を修理されるのを恐れて、やむにやまれず暗夜の攻撃となったが、それが裏目に出て、大量の装甲車を失って敗退した。

しかし、敵は陣地に帰ったものの、夜が明ければふたたび巻き返して出て来るは必定。この巻き返しを午前中だけ待って欲しい。そうすれば、居留民の乗車はあらかた終了できるはずだ。

根本将軍はそう考えたが、軍使による休戦よりほかに方法が見当たらない。そこでそのむねを参謀に伝えると、あの沖森通訳がふたたび、この危険な役を買って出た。

前に軍使となったときは単なる時間稼ぎで、まだ余裕があった。しかし、今度はギリギリの時間稼ぎだ。引き揚げ列車が出発できるかどうかの瀬戸ぎわである。任務も重く、危険度も高い。

「君には前にも苦労させた。三度はとても……」

根本が声をつまらせれば、

「かならず何がしかのお役に立つと思います。通訳官として最後のご奉公は、いましかありません」

「なんども君を行かせることが心にひっかかるんだ」

「生死を考えておりません。たとえ敵弾に倒れても悔いはありません」

「わかった。幸運を祈っている」

根本は先に手を出して沖森の手を握った。

ソ蒙軍は装甲車を二十五台も焼かれ、すごすご陣地に引き上げて行く。沖森はその後方、五百メートルほどの距離をおいて前進した。

日本軍は丸一陣地から出ないことを知っているため、ソ蒙軍は後尾歩哨も立てず、隙だらけで前進していた。そこが沖森のつけめだった。

四キロほど前進して停止した。新しい攻撃拠点らしい。

沖森は前に兵隊からもらった褌製の白旗を出して棒の先にくくりつけ、高く掲げて前進する。

日清、日露、満州事変に今度の太平洋戦、それとは別にも満州（現在の中国東北部）、中国の各地でいろんなゴタゴタがあったけれど、使いふるしのいささか黄ばんだ股間の褌を打ち振って軍使の証《あかし》にしたのは空前絶後。沖森が最初で最後ではなかったか。

攻撃拠点らしきインスタントの小屋が見え、道路わきから飛び出した兵隊二人につかまった。

「何者だ？」

どろんこの満州服にひしゃげた麦藁帽。現地人の履くどた靴。それに褌の旗。ヒゲは伸び放題。前に来たときよりぐっと現地人らしい雰囲気である。まさか正規の日本軍とは思っていないらしい。

誰何《すいか》の声もわりとおとなしい。

「日本の通訳である。軍人ではない」

「なに通訳だと……」

そこでソ連軍人の声がトゲをふくむ。

「どこへ行く？」

「責任者に会いたい」

ソ連兵が小屋に行き、入れ替わりに年輩の男が出て来た。上衣を脱いでいるため階級はわからないが、人品骨柄《じんぴんこつがら》から推して上級将校らしい。

「なんの用事だ?」

「駐蒙軍司令官根本中将の代理である。武装解除の準備を進めているが、なにぶん戦線が広く、前哨も各方面に散らばっている。撤収を進めているが、電話、無電の未設置場所もあって撤収がはかどらない。張家口およびその付近に関しては命令が徹底している。貴軍に対しての武装解除を行なう、と約束する。二十日夜ごろまで待って欲しい」

「フン」と鼻先で答え、中に入った。

武装解除の交渉が居留民後送のためのものとは気づいていないらしい。その将校らしい男が小屋に入ってまもなく、北方から装甲車二十数台があらわれ、小屋の背後にある広場に停車。車両から出た兵隊は、広場のあちこちで休憩をはじめた。

一時間たっても二時間たっても、さきの将校もあらわれず、装甲車の兵隊もブラブラしている。丸一陣地進撃の命令を出さないらしい。

それからまた一時間ほど経過したとき、上衣を着てない将校があらわれ、丸一陣地の方角をアゴでしゃくりながら、

「帰れ」

と言う。

「返事を下さい」

「上層部に連絡をとっている」

「では、返事の来るまで待ってみる」

「帰れと言われたら帰るのだ。もしここに居座るならば、わが軍の本部に送らねばならぬ。そうなれば、本官の責任範囲外のことであるから、生命についての保証はあたえられない」

危ない。危ない。加藤、川村の二の舞いはご免だ。

「前に留置された加藤中尉と川村軍曹はどうしているか?」

「本官は知らない」

「噂ぐらいは聞いているだろう?」

「いや、なんにも……。二人は後方に送られた。いまは交戦中なのである。敵兵二人の生命ぐらいは……」

といい拳を前に出してひらき、フッと息を吹きかけてみせた。手の平にとまった蝿や蚊なんか、ひとふきでフッ飛ぶんだ、というつもりらしい。こんな調子では二人の生命もどうなったかわかったものではない。

ソ連軍侵入の噂が飛びはじめたころ聞いた話だが、なんでもソ連には五千万の囚人がいるそうだ。うんと少なく見ても三千五百万は確からしい。二億余の人口に三千五百万。大変な比率だ。

もっと物凄いことを言う者もあった。ソ連の人間は三種類、たった三種類しかいない、というのである。

その一は、かつて囚人だったが刑期が終わった者。ただし刑期が終わっても、一定の居住地などを指定され、それ以外は一歩も出ることを許されない。敷地の広い刑務所暮らしのようなものだ。

その二は現在服役中の者。三番目は一、二番以外の全部で、それは将来、服役必至の者だそうである。

これらの話は誇張した表現であるにしても、ソ連はシベリヤをはじめとして全世界の六分の一ほどもある広大な面積らしい。

その開発には猫の手も借りたいほど。猫の手を借りるというのはたとえ話で、本当は人間の手でなければ開発は不可能だ。

ところが、シベリヤなどは一年のうち九〜十ヵ月は雪にとざされた零下三十度〜五十五度の厳寒地である。人跡未踏の原生林。輸送状況は最悪で、食糧その他生活物資は乏しく、人間の住める環境ではないから、必然的に開発に従事する者はない。

そこで一計を案じたのは刑法五十八条の適用であった。

話してくれた人もくわしくは知らないらしいが、なんでも、この法律を適用すれば、いかなる行為も反体制に仕立て上げられるようになっているという。

刑期も一年や二年の短期ではない。大体十五年から二、三十年。一生刑務所暮らしで、コルホーズや鉄道建設に血の涙を流しているそうだ。

「そんなバカな……」

と反論したら、

「ねっから噂話と思うから、信用できないんだ。もっとも手ぢかなことを思い出してみろよ。ロシヤ革命で罪科《つみとが》のない人たちが地位、名誉、財産、それに家、屋敷までを共産党に奪われて国外追放という悲惨な目にあっているだろう。満州にはそんなロシヤ人がウジャウジャいるんだ。学があるんだもの。そのくらい知ってるだろう」

といわれ、グウの音も出なかったことがある。

だいぶ回り道をしたが、シャツ姿の将校に、「生命の保証はできない」と言われて早々に退散することにした。彼の言葉は脅しではなくて本音だ。

関東軍は至極あっさり武装解除したため、シベリヤに送られる、という噂が流れている。シベリヤに送られれば遊ばしてはおくまい。自国の国民ですらシベリヤにぶちこめば死ぬまで働かせるのだから、敵国の将兵など虫ケラ同然だ。ここで捕まったら百年目、逃げるが勝ちだ。

「車で送ってゆく」というその将校に挙手の礼をして回れ右。

一目散に駆け出した。背中から一発見舞われないよう草むらに飛びこんでジクザクに走ったが、それは杞憂だった。しばらくたって草の間から振り返って見たが、小屋の前にはあの将校と兵隊がいるだけだ。殺意のないのがわかって並の足どりで司令部に向かった。

それにしても草の間から見たとき、小屋の裏手にある広場では兵隊がやはり立ったり、座ったり、歩いたりしていた。

二十日の夜に武装解除を実行するという申し入れを、そっくり信じたか、否かはわからないが、しばらく攻撃するつもりはないらしい。

第三章　最後の列車

将軍と兵たちと

沖森通訳を送り出してまもなくであった。参謀長が、

「閣下おめでとうございます」と言う。

「だしぬけになんだ。大事でも起こったのか」

参謀長の差し出す至急電報を根本が受け取ってみると、

「貴官は北支那方面軍司令官兼駐蒙軍司令官に親補せられる」

という陸軍次官からのものであった。とりあえず北京の方面軍参謀長に、

「今後二日ないし三日は張家口にとどまって当面の作戦を指揮する必要があるので、赴任はその後にしたいむね」連絡した。

連絡が終わると、根本はただちに居留民の引き揚げ状況を調べさせ、また軍医部、経理部、兵器部に命じて、居留民の後に、軍の患者を北京、天津へ、衣糧品と兵器弾薬を内長城線の

南口まで後送するよう手配した。

つづいて全軍に、

「侵入ソ蒙軍に対しては、断固反撃しつつ、在留邦人を北京地区に撤退させる」

との決意を伝えた。

深夜になって総合した情報によれば、ソ蒙軍が急に攻撃に出るようすもないらしい。沖森通訳が二十日夜、武装解除にしたがう、と申し入れたのが、ある程度効果があったようだ。

一方、居留民の輸送は二十日午前には張家口を出発できる見込みである、という。

北京からは二十一日の午前中に赴任用の飛行機を張家口に向けるから、ぜひともその日のうちに着任して欲しいと矢の催促である。そこで幕僚を集め、作戦主任の立案した後退作戦計画について細部の検討をくわえた結果、二十一日夜、丸一陣地を撤して後退作戦を開始することとし、それぞれ必要な準備命令を発し、北部山西に駐屯する部隊は二十二日午前零時以後、第一軍司令官の指揮をうけるよう発令させた。

＊

「八月二十三日の日没までに、もし一人でも日本人が残っている場合、ソ蒙軍は張家口を爆撃して全市を破壊する」

右のような趣旨のビラが空からまかれた。

約束通り武装解除しなければ、一般居留民も巻き添えにする、という脅しである。

しかし駐蒙軍、華北交通張家口鉄路局、居留民団の間で充分に協議してあるので、ソ蒙軍が脅してもさして驚かない。

三者協議は左の条件を前提として輸送計画を樹てた。

一、張家口に集結した約四万人の輸送は、実質二日間で完了しなければならない。そのうち一日は居留民への通知と車両の整備に必要である。

二、夜間の出発は途中、内長城線の難所があるため無理がともない、危険なるため出発は日中夕刻までとする。

三、輸送は貨車であるが、その数が足りない。しかし、大同付近で線路が八路軍に破壊されているために、それ以遠の貨車を集めることはできない。現在、張家口にある荷積の貨車は全部空車にして、小さい車掌車にも人を乗せる。

四、機関車が四両足りない。列車は三十五本、編成できるのに、機関車は三十一両しかないので、張家口工場で修繕中の三両と、張家口機関区に入っていて火を落とした機関車を早急に修理して使用する。

五、機関車と列車乗務員には、全員日本人をあてなくてはならないので特別に手配する。

六、途中、南口のスイッチバック通過のため行なう各車両の選択検査をしている暇はない。

七、途中沿線には、八路軍が出没して治安が悪いので、夜間運行には危険がともなう。

右のような検討結果にもとづき、つぎの具体的準備を行なった。

一、貨車＝大同以東康荘までにある全車両を張家口に集めて、荷降ろしをした上で一コ列車単位に組織して、構内に留置し、乗り降り用の梯子をつくって準備する。
二、機関車＝三十一両のほか一両の補修は完成まぎわであるから、応急修理をほどこし、残りの三両については、機関車課長はじめ局の関係日本人全員が、機関区長らに協力して修理を行なった後、石炭を焚いて四両全部、威勢よく煙を吐いて蒸気をあげたのは、二十一日の午後四時すぎであった。
三、乗務員＝機関車運転の経験がある日本人は、全員機関士として運転にあたり、機関助手その他は、経験の有無を問わず石炭焚きをする。車掌も全部日本人をあてる。
四、運転方式＝緊急時であるから、平素禁止されている隔時法を実施し、二十一日午後から五分間隔で単線区間の一方通行を行なう。なお、途中運転事故の発生防止のため、一コ列車に二～三ヵ所、手旗信号をする連絡員を配置して、機関車との連絡を密にする。

居留民団との連絡

一、列車は北京・天津地区に向けて二十日午後から二十一日にかけて出発させる。
二、三十トン積み無蓋貨車（石炭や鉱石運搬用）一両に八十人乗車させること。そのため身の回り品を、できるだけ小さくして、大きな物は後から送ること。

右のような事項を了解して実施にかかったが、駅前に持ちこまれた大きな荷物の山は、身動きできないほどだった。

ここに荷物を残して出発させたが、その処置に対する不平がくすぶっていた。しかし、その後、満州におけるソ連軍の残虐、暴虐の実情が伝わってきたときから不平はなくなった。

こうしている間、丸一陣地にソ蒙軍を食い止め、また沖森通訳の派遣による休戦で、時を稼ぐなど窮極の作戦を行ない、二十日ごろには公使館、警察につづいて軍司令部も、一般居留民も引き揚げ開始。二十一日の夕方までには計画通り、最後の引揚列車が張家口を引き揚げた。

*

徳王、李守信ら蒙彊政府の首脳者たちは、北京へ行きたい、と二十日に申し出たため、根本はただちに彼らを北京に護送させてから丸一陣地を訪れ、

「北支那方面軍司令官兼駐蒙軍司令官に補せられたので、一足先に北京に赴くことになった。最後まで諸子とともに行動するつもりであったが、まことに残念である。

このような時期になってなおかつ転任というのは、理解に苦しむところであるが、北支にはまだ自分の御奉公の余地が残されているというので、名残り惜しいが北京に赴任する。くれぐれも後衛の任務に万全を期してもらいたい。

幸い、居留民の輸送は順調である。大本営の速やかに武装解除せよ、さもなくば処罰するという命も聞かず、今日まで丸一陣地を死守したのは、張家口の居留民を安全に後送するためであった。自分はたとい逆賊の汚名を着ても、四万人の同胞を救おうと決意したが、諸子はこの意をよく理解し、協力してくれた。厚くお礼を申し述べる。

四万の居留民さえ保護できれば、諸子は十分に御奉公したことになる。十五日以後は特別、無理を申してすまなかった。七十名を越す戦没者に対してはお詫びの言葉もない。すべての非難は私一人でうける。居留民の最後の列車が出発したという連絡がとどいたら、武器弾薬はすべて陣地に残し、最少限の身の回り品を持って、一刻も早く八達嶺の内長城線に後退して来てくれ。

そこには改めて北支軍司令官としての根本が、北支軍を指揮して諸子を迎え入れる」

根本将軍、全軍の将兵、ともに涙滂沱たるものがあった。

陣地を守る兵士たちは、いままでにも増した使命感に身をふるわせて、健闘を誓い合った。

根本は、それから居留民の引き揚げた張家口市内を巡視し、陸軍病院を訪ね、病床にある若干の将兵に、

「軍は二十一日の日没後、丸一陣地を撤退し、八達嶺の線に後退する。丸一陣地とは別に張家口に待機中の将兵が二十一日から天津に後退するので、これと行動をともにせよ」

と内示した。

その後で司令部にもどり、司令部の撤退準備と残務処理を終わり、張家口最後の夜を官邸で過ごすため、ソ蒙軍侵入以来十一夜ぶりで、住みなれた官邸に入った。

単身赴任であるから家族はいない。下男下女も使わない主義だから、専任副官と、官邸の清掃、身の回り品の整理、荷造りなどを行なった。根本は生まれつき物質にこだわらない性格だから、私物は日常必要な物だけ。極端に少ない分だけ掃除に熱を入れた。

「立つ鳥あとを濁さず」

転任のたびにいつもそう思って一生懸命、柱や床板を磨いたものである。

二十一日早朝、官邸にさよならして司令部に登庁、真っ先に敵の行動をたずねたが、丸一陣地前まで進攻して来たソ蒙軍は、布陣しながらも、なんら積極的な行動にうつるようすは微塵も感じられない。そして傅作義軍にも東進の気配がないそうだ。

もっとも肝心なのは居留民の引き揚げ状況であるが、これも順調に進展しているという。まずは一安心である。

このとき「飛行機到着」の連絡をうけ、車を走らせて飛行場に着いたが、影も形も見えない。日航職員が二名だけ残っていたが、彼らは根本を運ぶための要員で、彼らの話によると、飛行機は到着したが、根本をはこぶ前に日航職員を北京へ輸送していった、という。

「これが負け犬の姿か」と心中、いささかおだやかでない。しかし、嘆いてみてもどうしようもないので椅子に腰を下ろした。

正午ごろから泣き出しそうな空模様。そして雨に変わった。それが大粒で、滑走路に流れている。

この設備劣悪な飛行場では、このままだと着陸は困難であろう。

自動車で行くにしても、泥濘の道路では動きがとれない。午後五時まで待っても飛行機が着陸しない場合は、列車で行こう、と覚悟を決めた。

待合室のソファーに移動したが、さすがの根本将軍も連日の疲れが出たらしく、睡魔に襲われ、故郷の夢を見た。その中に彼の生家があり、北になだらかな丘を見上げる糸のような集落を歩く母キセのやさしい笑顔が映った。

根本は昭和二十一年秋、帰国してはじめて知ったのだが、福島の故郷でわが子の帰国を待ちわびていた母は、この日、この時、七十九歳で人生の幕をとじたのである。

午後四時ごろ副官に、

「雲が切れましたから、もうすぐ雨がやみます」

とゆり起こされた。

空は北方の方から次第に晴れてくる。

五時ごろ、爆音とともに黒い飛行機が姿を見せ、あの二人の日航職員とタラップを昇った。

「丸一陣地、頑張ってくれ」と念じながら、蒙彊の天地に別れを告げて北京に向かう。夕陽に照らされた八達嶺、その尾根を大蛇のように這う万里の長城。二、三日後にはわが部下たちがここに布陣するのだ。根本は、食い入るように眼下を見おろしている。

布陣の構想を練っているうちに、北京北隅の飛行場に着陸した。

北支軍参謀長はじめ各幕僚、華北政務委員会要人が迎えに出ているが、根本はそのほとんどと顔見知りのため気が楽である。親類に取り囲まれているような気安さだった。

下村前司令官は、陸軍大臣に就任のため、明朝帰国の途につくので、その送別と新司令官歓迎のため、北京の軍官民の要人たちがすでに司令官官邸に集合している、という。

みじめに破れた敗軍の将を歓迎してくれるそうだが、中国人の心の広さに驚きながらも、なぜか違和感があるのはどうしたことだろう。

官邸に向かう車中で根本は幕僚に対し、

「丸一陣地は本日、日没後、撤退を開始する予定であるから、とくに駐蒙軍司令部と緊密な連絡を保つよう。また方面軍司令部に駐蒙軍司令部を併置するよう」

と命令した。

車が官邸に到着すると、下村前司令官が駆け寄り、手を握る。

「駐蒙軍が八達嶺に後退するというので安心した。なにしろ、兵力のほとんどを南方に抽出したため手許はがら空き。急場しのぎに保定の幹部教育隊を八達嶺に派遣したが、不安で仕方なかった」

「本日の日没後、丸一陣地は撤退します。私が出発するまで、ソ蒙軍に特別な動きが見られませんでした。おそらくいまのところ攻撃して来るとは思えません。撤退は充分注意し、夜陰に乗じ、隠密裡に実施いたすよう具体的に指示してあります。したがって、八達嶺の線は確保できると信じます」

「また、居留民後退についても心を砕いていると聞いた。本当にご苦労さまでした。私も増援したいと思いつつもご承知の通り、兵力不足のため、ただ見ているだけでまことにすまなかった」

「申し送りの件がありましたら……」

「現地の事情や中国側との折衝は、君の方が私より先輩で、くわしいので何も言うことはない。君がすべてを引き受けてくれたため、安心して新任務につけるというものだ」

「帰国して、また敗戦後の重大任務を担当されると聞きました。ご苦労と存じます。心からお察しいたします。しかし、だれかがやらなければならないことですから、耐えて耐えて、死んだ気でやって下さい」

「私も国のため勇躍、引きうけるつもりです。君も私もありがたくない役回りだね。苦労の原因が山積していることだが、私心を捨ててやる覚悟だ」

「死ぬよりつらいという言葉は昔から聞いていますが、こんな体験ははじめてです」

「しきいをまたげば七人の敵あり、というのは、武士に対する戒めだが、君の場合、七人どころか、みんなが敵と思わにゃならん。頼むぞ。私は十五日の夜、寝床の中で一晩じゅう泣いた。しかし、それから後は泣くのをやめた」

合同の官民が待っている、という催促で二人は応接間に入り、根本将軍はつぎのように挨拶した。

「華北全域の敗戦処理は不肖私、根本博が全責任を負っていたします。しかし、何分にも、このようなことははじめてで、予想も立ちません。只今、この席で抱負や方針について具体的に申し上げられないことをお詫びいたします。

ただ私は、天皇陛下のお示しになった聖旨に添うよう、居留民と部下将兵を故国に帰還させることについて、私自身いかなる苦境に立つとも、いかなる難局に直面するとも、身命のつづく限りみずからこれに当たる考えであります。決して困難の回避や責任の転嫁はいたしません。どうぞ私に一任して下さい。

とは申しても、私は生来愚鈍でありまして、優れた才覚などとは無縁であります。皆様のご援助、ご協力を頂戴いたすのはもちろん、お気づきの点につき、お知恵をお貸し下され、ご鞭達下さることを、切に切にお願い申し上げます」

いまだ敗れず

根本が北京に赴任してから駐蒙軍の前線将兵はどうしたか。それについて二、三触れてみよう。

二十一日午前十時ごろ、丸一陣地へソ蒙軍の猛攻がはじまったが、その後、

「張家口の居留民撤退輸送は順調に終了した」

と軍司令部より連絡があり、一同、安堵の胸をなでおろした。

同夜は視界五十メートルの濃霧をついて全軍いっせいに丸一陣地を放棄、撤退し、二十二日午前七時、張家口に到着した。その後、鉄道線路北方の山道を内長城線に向かい、同夜、西望山に露営。二十三日夜は宣化北方の張全荘、二十四日夜は二合科、二十五日夜は下花園北方の全修堡、二十六日夜は康荘北方の延慶にそれぞれ露営、あるいは現地人民家に泊まり、二十七日の午後三時ごろ、歴史に名高い青龍橋の城内を、軍の幕僚、内長城線八達嶺守備隊長伊藤少将らに迎えられて疲労をかくし、歩武堂々とくぐった。

一方、戦車隊は、二十一日に丸一陣地を突破されれば、軽戦車で機動反撃をくわえ、それが破られれば中戦車群に食い止めさせる、という作戦をたて、中戦車小隊にあらかじめ張家口南方道路上の反斜面陣地を占領させて、最後の火力支援の処置を講じた。

同夜すべての配備を終わり、清河上流の橋梁二ヵ所を工兵によって爆破した。

その後は起山隊長みずから戦車に乗って張家口市内に入り、

「日本人は残っていないか。いるならば速やかに撤退しろ」

と大声で叫び巡回した。

それからまもなく数十名の日本人がトラックに分乗し、南に向けて出発した。

そして起山隊長は、根本司令官官邸と山腹の防空壕につくられた自動車貨車燃料弾薬庫にも立ち寄った。軍司令官官邸は整然と掃き清められ、燃料弾薬庫はきれいに整頓されて、「駐蒙軍いまだ敗れず」の印象を強くした。

敵軍へ軍使として乗り込んだ沖森通訳であるが、司令部に帰着、ソ蒙軍との交渉経過を報告してからトラックに便乗し、丸一陣地に赴いた。

到着するとまもなく「全軍撤収」の命令がとどき、声を殺し、足音を忍ばせて峠の道に集まった。そして山を下った。四十キロの道を走りに走り、張家口に着いてみれば日本人の姿はまったくない。

丸一陣地の抵抗と居留民の撤収は成功したのである。

周囲の山々は中共八路軍に占拠されているらしく銃声が聞こえる。ソ連外蒙機械化兵団が、丸一陣地の撤収を知って急追して来るだろう。急がねばならぬ。鉄道と道路は、ソ蒙軍の機械化部隊に先回りされると予想したからである。

まず、軍倉庫を開けて食糧の確保である。持てるだけかき集めて山へ走った。

約一コ大隊は、山にこもる八路軍と交戦しながら南東に向けて歩いた。

第二の防衛陣地である内長城線に布陣した北支軍部隊が迎えてくれた。緊張も次第にほぐれ、気分が楽になる。

南口鎮から汽車に乗り、北京郊外の清河鎮に到着したが、張家口を出発した日から数えて、十日もたっていた。

その日、幕僚に呼び出され、

「君、よくやってくれた。これが勝ちいくさだったらな、大きな勲功だ。しかし、ご覧の通り、なんにもできない。これでも飲んでくれたまえ」

と慰められてウイスキーのボトルを渡された。嬉しいような、哀しいような、あまずっぱい気分が胸いっぱいにひろがり、そして涙がこぼれて仕方がない。

天津で妻子を発見した。最初の軍使に出たときから官舎にもどっていないから、文字通り生き別れである。

沖森通訳はソ連軍に捕まり、殺された、という噂が流れていたらしい。

「この世で逢えるなんて……」

妻子は沖森にすがって泣いた。

しかし、最初の軍使中川少佐に随行した加藤中尉、川村軍曹は前に書いた通り、ソ蒙軍に留めおかれ、そのまま帰って来ない。

駐蒙軍の犠牲者は加藤、川村のほか、敵弾に斃れた六十八名である。

終戦時、満州の一部では、鉄道職員が関東軍将校の家族らとともにいち早く引き揚げた、と取り沙汰されているが、華北交通張家口鉄路局員はどうであったか……。

鉄路局関係者は、一般居留民の引揚列車の出発が終了した二十一日の午後一時、全員、鉄路局の庭に集合、最後の列車で張家口を離れた。

なにしろ最後の車両で、坂の昇り降りに必要な車両の検査もしないまま出発したので、全員プロであるだけに運行が気がかりである。

注意を怠ると、下り勾配で暴走事故を起こす危険がある。とくに内長城線の南口から康荘の間の十九キロ区間が一千分の二十五の急勾配で一コ列車を二分して、それぞれの後と先に補助機関車をつけて押し上げねばならない。

それだけではまだ危険のため、上りの南口と下りの康荘に検車区があって、通過する車両の手動ブレーキ検査を厳重に施行する。もしブレーキが完全でない貨車があれば、積荷をおろして修繕する。そんな難所も勤務員がいないので、各検査はすべてオミット。冷汗三斗の思いである。

二十三日夜、鉄路局員は最大難所に向かっていたが、八路軍の銃声は絶え間なく聞こえた。普通なら七時間で到着するはずの北京へ二十五日午後、ようやく到着した。引き揚げ最後の鉄路局員がぶじ到着したのであるから、先行の一般居留民は全部、北京入りしたわけである。

それにしても、他国の領土内を、わがもの顔で、勝手気ままな一方通行、ダイヤ無視の運転にもかかわらず、沿線住民と中国人駅員は温かく見まもってくれた。

鉄道は一ヵ所でも破壊されてはダメ。あの目立たないポイントがちょっと切り替えられても、すぐ全体の運行が停止する弱点を持っている。

急勾配のスイッチバックを上ったり下ったり、ひどい難所をヨタヨタと運行したので時間はかかったが、妨害は一度もなかった。

中国人の広い心は、いつまでも鉄路局員の胸にやきついていて消えない。

北京で一部の者は下車したが、大部分はそのまま天津に向かった。北京では鉄路学院、天津では小学校その他三ヵ所に分宿して帰国を待った。

しかし、張家口鉄路局所管鉄道のうち、大同付近と終点包頭にいたる区間に勤務していたものは、張家口付近に八路軍が侵入したため、張家口に集合不可能となった。そのため緊急検討の結果、大同管理所が中心となって、大同から山西省を南下、省都太原を経由し、石家荘を通って天津へ出るよう決定した。

先頭車両は線路補修器材を積んだ修理班、つぎに老幼婦女子を乗せた列車。最後は鉄道職員であるが、それは有蓋貨車である。

八月二十九日、大同を出発、九月二日、太原に到着、鉄路学院に収容された。その後、天津に直行が不可能となり、日本軍の貨物廠であった豊台貨物廠に二ヵ月滞在して昭和二十一年二月十二日、豊台から客車四両、貨車十両に乗って天津貨物廠に移動、三月八日、塘沽からアメリカ軍上陸用舟艇で帰国した。

いずれにしても、敗戦による引き揚げであるから多少の苦難は避けられないが、日本軍貨物廠では食糧および生活物資に不自由せず、苦難の満州引き揚げにくらべれば、まずは大名旅行であった。


張家口からの引揚列車には、それぞれ警備兵が同乗した。以下は居留民引き揚げも終わりに近づいた二十一日、警備についた、兵士の動向である——。

午前九時、部隊を出発して張家口に着くと、突然、広島旅館から、真っ赤な炎と黒白の煙が吹き上げ、わずかな間に二階が焼け落ちた。

女主人がガソリンをまいて火をつけ、青酸加里を飲んで火の海に身を投げたそうだ。

終戦の十五日から通りがかりの兵隊を呼びとめ、「お小遣いよ」と言っては金を渡していた女性である。その芳志を受けた兵隊は相当な数らしく、その噂が流れていた。

かねて自殺の覚悟をしていたのではないか。だから所持金を兵隊にくれ、居留民引き揚げ最後の日にこの世と別れたのであろう。

女主人の魂は、引揚者の背に乗って日本に帰るかも知れない。警備の将兵は行進を停止し、合掌した。

整備を終えた列車が千五百名から二千名を乗せ、二〜三十分ごとに出発し、警備兵は一列車に一小隊ずつ添乗した。中隊長以下四十名、武器は軽機関銃三丁、小銃十五丁、拳銃七丁、手榴弾三百個。装甲列車が若干運行され、それには大砲が備えられているから心強い。

華北随一といわれる葡萄の名産地宣化に到着し、壮大な城壁と完成まもない龍畑鉄鉱を眺めていると、突然、城内が開き、一台のトラックが走って来る。大声でわめきながら、十数名の武装兵が飛び降りた。

反乱軍かも知れぬ。警備隊は応戦準備をはじめたら、じつはこの一団、宣化の領事館警察分署員であった。

いずれの顔もひげと砂ぼこりで真っ黒。被服も泥んこに汚れている。邦人を送り出してから、分署長以下全員がトラックで宣化の街のすみずみ、路地まで探し回り、残留者のないことを確認した後、やっと引揚列車に間に合ったというわけである。

祖国はるか

つぎに掲げるのは、張家口を脱出、ぶじに帰国した川島玲子さんから曙会（責任者門脇朝秀）の機関誌「祖国はるか」に寄せられた引き揚げ記録の抜粋である。

――昭和二十年八月九日のソ連の対日宣戦は、鉄路局の中にすぐ伝わりました。しかし、蒙古まではるばるソ連軍が侵入して来ることなど、ほとんど考えてもみない、のんきさでした。それよりも若い男性社員のいない老人と女子ばかりの鉄路局経理部会計課給与係として、ソロバン、総括表との取り組みが大事で、八月分給与支給日に間に合わせる作業だけを考えていました。

ただ一度だけですが、八月九日、真っ黒いソ連機が一機、低空で飛んで来たのを見たことはあります。しかし、不安にもならなければ、恐ろしいとも思いませんでした。まだまだ無敵の日本軍に守られているという安心感があったからです。そのときすでに満州では、邦人がソ連軍によってひどい目にあっているなんて想像もしませんでした。

八月十五日の玉音放送は雑音ばかりで、戦争終結とはわからず、「日本国民一層奮励努力せよ」とのお言葉と解釈して、ただ仕事に励みました。

初夏になると、京包線の鉄道沿線各地に散在する邦人家族がぞくぞく集結して参りました。（筆者注、ソ連参戦を予知した根本将軍は二十年の春から管内奥地の居留民を大同、張家口に集結させたと前に書いたが、初夏になると大同に集まった者が張家口に移動したのである）

そして私たちの寮をその人たちに提供し、私たち独身者は知人の社宅に同居することになり、私は同じ課の保坂貞雄さんのお宅に、同僚の坂口多寿子さんと二人でお世話になりました。たった一間の狭い中国風の民家でしたが、そこに子供一人、大人四人の生活がはじまりました。

それは短い期間でしたが、一番大変だったのは保坂さんの奥さんでした。

その後、自分の住んでいた寮が気にかかるので、城内まで見に行きました。子供の洗濯ものでで満艦飾、石炭置場も子供だらけでした。

豪雨のなか、脱出命令がきました。

保坂さんはリュックサックの中身を半分にへらして背負い、その上に二歳になる長女三千代ちゃんをのせました。

奥さんは妊娠八ヵ月、相当つらそうで、あまり荷物を持てません。

私は母が縫ってくれたが、まだ一度も袖を通したことのない晴着に未練を残しながら、冬のオーバーと毛布一枚だけ持ちました。

そして荷物にならなくて軽いもの、それは華北の思い出のおもな写真ばかり四、五枚でした。中には北京女子鉄路学院の入学と修了の記念写真も入れました。大陸の記念写真は、とっさに貴重品と思われたのです。

保坂さんは入口に鍵をかけ、窓に釘を打ちながら、「これも気安めだ」と言いつつ悲壮な表情になりました。

降りしきる雨のなか、城内を抜け、清河橋を渡り、走るようにして駅に着きました。そこにはぞくぞくと集まる邦人の群れに、列車は貨車ばかり。引込線の中までも人がむらがっていました。

私たちはいったん鉄路局の会計課に入り、そこで手榴弾二個を手渡され、一個は敵に投げつけ、一個は自決用に、と説明されました。

はじめて手にした手榴弾を握って、「いよいよ来るべきときがきた」と身の引き締まる思いがしました。

ちょうど給料支給日の前で、社員の給料がいっぱいにつまったままのトランク三個が机の上に放り出されていました。しかし、もうこうなっては給料どころでなく、会計課にいる一時間前後の間にどんなことを話し合ったか記憶がありません。ただ茫然としていたのでしょう。

ともあれ、こうしていてはらちがあかない、と張家口駅に行きましたが、すでに客車はなく無蓋車だけ。しかも、大同の石炭が積まれた車ばかり。その上に乗れば振り落とされるでしょう。でも早く乗らないと、いつ動き出すか知れません。しかし、「列車が動くぞ――」と我鳴る声だけで動きません。

スコップがあれば石炭をかき出すが、探しに行く余裕もないまま、ついに正午を回ってしまい、しのつく雨も気がついたらやんでいました。

石炭を両手ですくって車外に放り出す作業をみんなでやり、どうやら座って腰がかくれるほどになりました。

保坂さん一家と私は、自分の座る場所を決め、やれやれと溜息をつきました。それにしても作業中に列車が動かなくて助かりました。

そうしているうちにまたも雨。何の前ぶれもなくごとんと動き出したときは、なんとも言葉では表現できない複雑な感情がこみ上げてきました。

長い長い貨物列車はノロノロと進みました。夜になると冷えてきました。濡れた衣服をそのまま着ているので、体が冷えてガタガタふるえ、毛布を頭からかぶりました。

八月でも内蒙古は気温が下がり、線路の両側は高い山並み。いつもなら、その山の中腹に点々と小さな御堂が建てられる、赤い色をしている風景を眺めながら走るのに、いまは……。闇の中でダダンと銃声が聞こえる。八路軍でしょう。せまってくる山並みがとても恐ろしい。

それまで幾度も往復した張家口——北京間を無蓋車で、しかもズブ濡れの着のみ着のままで引き揚げるなんて思ってもみませんでした。つくづく敗戦のみじめさを味わいました。

そしてこれからの不安を抱いたまま宣化の街をすぎ、ぶどうが美味しかったと思いながら下花園駅をすぎ、一日がかりで康荘に着きました。ここではすでに到着していた列車が幾本も長々と停まっており、こんな状態ではいつ発車できるのか、途方に暮れてしまいます。しかし、日本人の渦の中にいては、殺気立つ者はなく、みんなおだやかな表情です。

飯盒炊きをしている人、お握りをくばっている女性。その中に北京にいるはずの姉もいたそうですが、大勢の人が押し合いへし合いのような具合ですから、ついにめぐり合えません。

停車のままでどのくらいのときがたったか、時計を持っていないのでわかりません。

私は心身ともに疲れ果てウトウトと眠ってしまいました。

気がついたら、貨車は八達嶺にさしかかっていました。三十～四十両の貨車をつないだ列

車は、喘ぎつつ前後を機関車にひかれて、やっと真っ黒になって通り抜け、青龍橋のおいしい水を飲んだときのことは忘れられません。おいしい冷たい水がノドに沁みました。

私たちが青龍橋の水に舌鼓を打っている間にも、沿線では、警備の日本軍が襲撃して来る八路軍から、私たちを守ってくれていました。

銃声だけ聞いているぶんには、そんなに八路軍の襲撃が恐ろしいとは思われないが、じつはひどいものだったようです。執拗に攻撃をくり返す八路軍を、鉄道警備隊の人々は、私たちのため必死に撃退してくれたのです。

それゆえにこうして脱出の思い出を書いていても、満州のような悲惨さがなくて申しわけないのですが、事実、邦人が襲撃をうけたり、掠奪されることのなかった張家口は、奇跡の脱出としかいいようがありません。

ほとんど犠牲なしの脱出を成功させて下さった軍旗なき兵団と言われた響兵団（筆者注・張家口独立混成第二旅団）の皆さんの必死の抵抗があったればこそです。

北京直面門に着き、皆さんが安堵しながら下車しようとすると、「北京は引揚者で満員だから天津に行く」と指示されました。

天津はまだ行ったことがないし、一度はその街も歩いてみたい。そうでないと、内地に帰ってから話の種にもならないと思いました。

姉がホームを行き来しながら、私をさがしているとの知らせを聞き、身をかくして天津に向かいました。

戦争に負け、土地を追われる悲惨を味わった日本人の一人として引揚船に乗り、長崎南風崎引揚援護局の方から、「外地のみなさん、長い間、御苦労様でした」とメガホンの声が聞こえたときには、涙が出て、どうしてもとまりませんでした。それは、張家口を無蓋車で離れたときからはじめての涙でした。いまここに、こうして平和な社会に生きのびていられる私は、今日の幸せをかみしめております。——

＊

「祖国はるか」は、人間根本博および残留孤児の中にきわめて少数ではあるが蒙古残留の孤児がふくまれていたことについて説明している。

軍隊という思考欠如の武装集団は、その長の性格と見識次第で、かくも大きな違いが出て来るということを教えられる。

今日、一般庶民の角度から、真に「将に将たる器」といえば、そのときの全戦線を通じて、この根本中将こそは、その名に値する人ではないだろうか。

そのとき、部下としてあたえられた人数は、正味わずか混成一コ旅団で、その名は軍司令官であっても、師団長にもおよばない。

その旅団にしても、名のごとく劣勢装備で地方維持用のもの。とうてい、当時の列強を相手に国際戦に耐えられる内容は備えていなかった。

そこへいきなり、ソ連外蒙部隊の侵入である。多くの同胞居留民を抱えての対応である点など、各種の条件をあわせ考えると、他のいかなる戦線にも見られないいきわだった采配が行なわれた。そのゆえにこそ、まさにその名にふさわしい勇将であった、と思う。

「勇将の下に弱卒なし」とは、古今の名言で、たとえとるべき武器を持たされていない老兵であっても、一本筋さえ通れば日本男児は、自分でも考えられないような力を発揮するものと思われる。

高度経済成長の草花の中に、トップリとつかって春を楽しんでいるかに見えるいまの日本の青年にも、この気概はどこかに受けつがれているのではないか。

*

曙会の門脇朝秀氏は、終戦時、大連の満鉄鉄道工廠に勤めていたが、大阪外語の出身で中国語が堪能のため米ソに交渉して関東州居留民の早期引き揚げの実現に貢献した。それゆえに関東軍と駐蒙軍の終戦処理については、つぎのような率直な見解を示している。

――「負けぐせがついていないから負け方が悪いのだ」と、今度の戦争後数年、東京で会ったドイツ人に答えたことがあったが、そのことはみずからを慰めるには役立っても、国際的に美談または長所として語るには当たらない。

「一勝一敗は兵家の常」と、中国人は昔から教えているのに、明治以来のわれわれは、その日の当たる半面しか考えていなかった傾きがありはしないだろうか。

しかし、ここに一人の人物がいた。蒙古の張家口で終戦を迎えた根本博陸軍中将である。

彼は陸軍大学卒業後、参謀本部支那班に属し、とくに昭和十二年七月、北京郊外において、日中両国の衝突を見ると、北京に駐在して軍政面を担当した。後に華南派遣軍参謀長、満州駐屯師団長、同軍司令官をへて、終戦の前年、張家口の駐蒙軍司令官に就任した。

昭和二十年八月十五日正午以後、彼は張家口北郊陣地を守る混成旅団に対し、南下するソ連外蒙軍に断固、抗戦することを命じた。

兵力装備の劣っていることは問題でなく、奥地から張家口に集結してきた同胞四万人を乗せた避難のための最終列車が、張家口を離れるまで抗戦することを求めた。

それはすべて大本営と南京の総軍司令部からの厳しい停戦命令に反する行動であった。大本営からの命令指示がどうであろうと、この四万の同胞をこのままソ連外蒙軍に引き渡したら、相手はなにをするかわからないという根本個人の判断の正しさには、同じ時期の旧満州での実例を見るにつけ、いまも国民的な感謝の念をなお深くするものである。

事は張家口だけにとどまらない。東京における終戦処理のため、その年の八月二十日、北京の北支那方面軍司令官下村定大将は、幕引きの陸軍大臣に就任するため東京に飛んだ。

その後任として駐蒙軍司令官を兼務する根本は、張家口の砲声を気にしつつ空路、張家口を後に北京へ赴任した。

「せめて張家口の戦闘を片づけてから」という根本の希望に対し、「東京の情勢は一刻を争うので」という要請で、北京における事務引き継ぎの暇もなく、下村は東京に去った。

その後を受けての根本が、北京で果たした役割は、

「日本の大使館その他の存在は認めない。すべては日本軍の従属機関と見なすので、いやしくも日本人である限りは、軍官民をとわず、日本軍司令官の責任において終戦処理を行な

う」

という中国国民党側の方針にもとづいて、蒙疆地区をふくむ華北在留の邦人四十万、北支那派遣軍三十五万人の運命が、根本個人の肩にかかってきた。

当然、華北地区接収の中国国民党側司令官との応待折衝から、その年の十月には旧知の何応欽上級大将と蒋介石委員長を北京に迎えて、華北の終戦処理を、一つの模範として、全中国におよぼすべき話し合いが進められ、それが実行に移された。

そして支那派遣軍百五万人、一般在留邦人五十万人は、中国側より要請されたアメリカ軍上陸用舟艇と、リバティー型輸送船により、翌二十一年末までには、全員日本への引き揚げ帰国を終わった。

それは旧満州とは相手も違い、話せばわかる素質の持ち主であったことにくわえて、それを実現させた日本側の責任者に、人を得ていたというべきではないか。

現実の問題として張家口北方に来襲したソ連外蒙軍の対応に、後ろ髪をひかれる思いをしながら、空路、北京入りした根本の、その後の北京における一年間の奮闘ぶりを見ると、「こんなに負けっぷりの鮮やかな将軍がいたものか」と驚かずにはいられない。

考えてみると、張家口の在留邦人四万人を救った駐蒙軍を「さすがに偉い」とわれわれは感心していたが、これが一時、身を寄せた北京、天津でひどい目にあって、日本にはその一部しか帰れなかったとしたら……。それは旧満州で、国境地区からチチハル、牡丹江、その他の都市にたどりついた開拓団と同じことではなかっただろうか。

北京は決して日本ではない。日本の領土であった大連でさえ、ソ連軍によって占領されていたために、多くの人がそこまでたどり着いた後に生命を落とし、血の涙を流し、そして多くの孤児が出た。

一方、その北京、天津地区では、根本の指揮する北支軍が、中国国民党の要請をうけて治安の維持に当たり、それまで日本側が管理していた施設と、食糧被服を支給することによって、四十万人に近い一般人と、それに近い将兵が、旧満州よりもはるかに早く、しかし考えられないほど恵まれた条件下で、日本に帰国できたという事実はだれも否定できまい。

大連に家族をおいて、南京で終戦を迎えた群馬県出身の浅海喜久雄少将の家族は、満州で見た例から、特務機関長だった少将は戦死として処刑されたに違いないとあきらめて、昭和二十二年春、大連から帰国したが、そこには先に帰っていた少将が家族を出迎えてびっくりさせたのである。

ともあれ、勝敗を越えて根本個人に示された蔣介石、何応欽の温情が、何十万の日本人の生命を救ったのである。

その何分の一か、いやひとかけらでも、旧満州内で、日本の総司令官、師団長とソ連軍司令官との間でそれに似たやりとりがなされておれば……と、死んだ子の年を数えたくもなるのだ。

しかし、そこでは勝った側はやたらに尊大で、一方、負けた方は、日本の歴史に見ないまでの卑屈さで、自分の目の前で妻が犯されても、男は黙って見て見ぬ振りをするという事象と、それに似た現象が、上は関東軍司令官から、下は一般邦人にも、そのときの満州では浸み渡っていたように思う。

それゆえにこそ華北における根本の終戦処理はますます光を放ち、それをそうさせた舞台と、相手側の民族性について、もう一度考えて見る必要がある。――

＊

張家口独立混成第二旅団（響兵団）参謀辻田新太郎氏は、根本将軍について、つぎのような談話を、「祖国はるか」に寄せている。

――なんといっても、その人の偉大さが張家口に集まっていた同胞四万人の生命を救ったと断言できます。

将官級の中には、ソ連軍を普通のヨーロッパの軍隊のように甘く見ていた人もいたようですが、根本軍司令官の状況判断には、いささかの狂いもなかったといまでも頭がさがります。

一、ソ連は話のできる相手ではない。だから、相手が要求するように、第一線の抵抗をやめておれば、将兵は捕虜となってシベリヤに拉致され、集結していた四万人の同胞は、思うままの仕打ちをうける結果となるかも知れない。

二、ソ連は国策遂行のためなら、いかなる非道なことでもする。

三、強いものに対しては攻撃しないが、弱い者にはトコトン残虐な行為をあえてする。

右のような判断によって、「八月十五日以後なお抗戦を命ずる指揮官を、ソ連としては銃殺刑に処す」というソ連側の呼びかけを、司令官は敢然として無視した。

そして、ソ連侵入を予想し、昭和二十年春から奥地の居留民を主として張家口に集結させ、ソ連侵入後は公使に居留民引き揚げの促進を要請、張家口鉄路局と協議し、引き揚げに万全を期したのである。

なお、これらを実施するための決意の現われであるが、大本営、支那派遣軍、北支方面軍司令官より、「停戦をし武装解除をうけよ」というたび重なる厳命にもかかわらず、「もしその決心が国家の大方針に反するならば、直ちに本職を免ぜられたく至急何分の指示を待つ」と返電されております。

これが第一線の兵士たちに、

「軍司令官は、たとい逆賊の汚名をうけても、四万人の同胞を救うため、断固ソ蒙軍を阻止して、指一本触れさせない、と決意を固めておられる」

と伝わってきました。

日ごろの司令官の言動から、その決定はきわめて自然であり、兵団の将兵は、みずから進んでソ蒙軍の阻止に全力を注ぎました。

二十年の春以来、奥地の同胞家族を大同、張家口に集結させるため、自動車、列車を動員し、形勢の悪化にともない、綏遠、包頭の鉄道沿線と奥地を放棄して、これを傅作義軍に譲る交渉を行ない、大同との鉄道輸送が杜絶すると、大同警備隊を、北支那に移管して、みずからは張家口と北京を通ずる鉄道沿線の警備に重点をおきました。

とくに張家口の同胞避難については、なお撤退を渋る大東亜省の出先に対して、ニセの命令まで出して、その即時実行を迫ったりしました。

根本将軍のように先を見通した指導者は、各戦線を通じてきわめて少なかったのではないでしょうか。――

＊

いままで来日した中国残留孤児のなかに少数ではあるが、内蒙古地区からの孤児がいたので、終戦時、張家口に集結した四万人の中からか、または張家口に集まりえなかった家族の乳幼児ではなかったかと心配された。これについて門脇朝秀氏が「祖国はるか」で説明している。

――張家口から北京への居留民輸送は、その出発洩れがないか否かを、根本中将がみずから確認しているし、起山立春戦車隊長もみずから、戦車を駆って張家口の街中を、

「日本人は残っていないか」

と怒鳴ってまわった。

それなら、なぜ内蒙古自治区から来た孤児がいるのか。

昭和二十四（一九四九）年十月、北京において成立した中華人民共和国政府は、少数民族対策として蒙古人の故地に、内蒙古自治区をつくった。名は蒙古だが、住民の大多数は移住していった漢民族が占めているところに、漢民族の少数民族政策の複雑さがある。

そこで蒙古人の顔を立てて、戦争中、傅作義の居城であった綏遠をフフクトという蒙古名

にかえし、ここを自治区の首都として、旧満州の西部にある旧興安省をそれにつけた。したがって、従来、日本人が住みつき、開拓団も入植していた満州西部の地域が、いまは内蒙古自治区に編入されたので、その地区で育った孤児たちの出身地が、そう呼ばれるようになったのである。

それと併行して旧満州から山東省と新彊ウイグル自治区に移住していった若干名をもふくめて孤児の現住地はひろがったが、孤児発生の地点は、いずれも旧満州であることを忘れてはならない。

それにしても、まだまだ東北地区の田舎に、日本人の孤児であることが明瞭であるのに、中国政府の拾い上げの網を避け、幼年時代にこうむった迫害の恐ろしさに「自分は日本人ではない」と言い張っている孤児もある。いつまでも心痛む問題である。——

逆賊といわれても

昭和六十二年三月二十四日付、朝日新聞のテーマ談話室、〝戦争〟に「たとえ逆賊といわれようとも」と題する一文が載っていた。内容は筆者が本篇で書いてきたものと重複するが、参考までに引用する。

——私は蒙古政府下部機関の行政顧問をしていたが、ソ・外蒙軍侵攻により八月十五日、南方の万里の長城にある日本軍丸一陣地（張家口の北方四十キロ）まで撤退した。

同日夕、敗戦を知り、翌日、張家口に着いた。同市の約四万の在留邦人の保護、安全な引き揚げに駐蒙軍当局は腐心した。

邦人を北京——天津地区に後退、その間、丸一陣地でソ蒙軍を、輸送中は中共軍を防ぎ、二十四日ごろ八達嶺まで後退した。

丸一陣地の若い兵隊がアンパン（戦車攻撃用爆雷）を持ち、われわれに手を振っていた姿、雨中の無蓋貨車から散見される駐蒙軍兵士の沿線警備の着剣銃を持つ勇姿。ときおり聞こえる中共軍の砲声など、いまでも目に浮かぶ。

当時、駐蒙軍の実勢は独立混成一個旅団のみ。戦車などは華中作戦に出動中だった、という。中国残留孤児を生み、将来のシベリヤ抑留の結果を招いた関東軍司令官と蒙疆地区より一人の残留者も出さなかった駐蒙軍司令官根本博中将の終戦処理の対応はまことに鮮やかな対照である。

以下、あけぼの会門脇朝秀編「祖国はるか」にある証言。

「……自分は大御心のままに即時戦闘行動を停止するをもって臣子の分と考える」

瞑目して聞いておられた総司令官はただちに、

「自分も参謀長の考えとまったく同じである」と一言、即時停戦を裁決された——昭和二十年八月十六日夜、秦彦三郎関東軍参謀長。

八月二十日、支那派遣軍総司令官より即時戦闘停止と武器引き渡しの厳命をうけた根本駐蒙軍司令官が同日夕、北支方面軍にあてた電文。

「少クモ二〜三日、ナシ得レバ一週間ノ余裕ヲ得ル目的ヲ以テ隷指揮下ノ総兵力ヲ結集シ、断固外長城線要域ニオイテ敵ノ進出ヲ抑止スルタメ最後マデ戦ウ如ク決心シアリ。……タダイマ張家口ニハ四万余ノ日本人アリ。八路軍オヨビ外蒙ソ連ノ侵入ハ敢然コレヲ阻止スル決心ナリ。ソノ決心ガ国家ノ大方針ニ反スルナラバ直チニ本職ヲ免ゼラレタシ」

旅団参謀辻田新太郎氏談話——

「このことが回り回って第一線兵士たちに、〝軍司令官は逆賊の汚名を受けても四万人同胞のため断固ソ蒙軍を阻止して、指一本ふれさせぬ決意を固めておられるようだ〟という噂となって流れてきました。……日ごろの司令官の言動から、この決定は自然であり、兵団の将兵は進んでソ蒙軍阻止に全力を注いだ」

丸一陣地の戦闘では、七十余名の犠牲者を出したという。当欄に敗戦時の恥部の記事が散見されるので、あえて披露する（福島県、小泉名美男　70　日本モンゴル協会理事）。

＊

隣国満州では、関東軍が八月十六日、幕僚会議をひらき、天皇陛下の大御心に沿い奉り、ただちに「戦闘行動を停止する」ことを決定した。いわゆる〝承詔必謹〟であった。ところが、駐蒙軍司令官根本中将は、「たとえ逆賊と言われようとも、張家口の邦人を守るためソ蒙軍および八路軍の侵入は敢然それを阻止する」と大本営の命令に抵抗して居留民引き揚げのそのときまで、丸一陣地においてソ連軍を食い止めた。

当時の思想からすれば、承詔必謹は当然と受けとめられていた。こうした場合、最高指導者、すなわち天皇の意にそうことが忠義の臣であり、反抗する輩は不忠の民であり、「非国民」とされた。当時の状況からすれば、天皇の意にさからう者は共産主義者か落伍者、現代風にいえば〝落ちこぼれ〟であった。することなすこと、意のままにならず、その結果、世を拗《す》ね、為政者に楯つく者が、人々の意表をつくような事件を起こした。それとつねに、人からは「昼行燈」といわれ、多少ボーッとしているような人物が、世の流れとはまったく逆な行動をとることがあった。

さて、根本将軍の略歴を見ると、そのような落ちこぼれどころか、まさにエリート中のエリート。出世街道まっしぐらであった。

明治二十四年　福島県岩瀬郡仁井田村に生まれる
明治四十二年　陸軍中央幼年学校卒業
明治四十四年　陸軍士官学校卒業
大正　六年　北支秦皇島独立守備隊長
大正　八年　陸軍大学校入学
大正　十一年　同校卒業。旭川歩兵第二十七連隊中隊長（大尉）
大正　十二年　参謀本部勤務
大正　十五年　南京駐在武官（少佐）
昭和　二年　陸軍省事務局支那班長
昭和　四年　参謀本部員、ドイツ出張
昭和　五年　陸軍大学教官兼補（中佐）

昭和　九年　陸軍省新聞班長（大佐）
昭和　十一年　旭川第二十七連隊長
昭和　十二年　北支方面軍特務部長兼特務機関長
昭和　十三年　少将
昭和　十四年　興亜院調査官、華北連絡部次長
昭和　十六年　第二師団長（中将）、満州国東安駐屯
昭和　十九年　第三軍司令官（牡丹江）、駐蒙軍司令官（張家口）
昭和　二十年　北支方面軍司令官

小学校を卒業し、立身出世を志す者は、中学か幼年学校入学を目標にした。しかし、将来が保証されているという点で、中学は幼年学校の足もとにもおよばない。男と生まれれば幼年学校入学を一度は志したのである。輝かしい将来への憧れはもちろんだが、学費、生活費一切無料。国庫負担であった。文字通り〝親方日の丸〟である。

しかし、根本将軍の入学した仙台幼年学校をふくめ数校しかなく、生なかの成績では合格は無理。小学校はじまって以来の秀才といわれる者で身体壮健な少年。たとえ牛にけっ飛ばされても平気という頑健のやつばかりだ。根本将軍のころは日露戦争の勝利の酔いがまだ残っている時分で、くわうるに慢性的な農村恐慌。貧しい農村の子弟や、親たちがひかれたのも当然といえよう。

だが、前記のように、近郷近在の市町村で随一とみられる秀才も、第一関門を突破できない。担任教師がその第一関門であるが、まずそこでストップがかかる。そこを運よくパスしても入試が絶望的である。

二ケタ、あるいは三ケタの志望者を蹴落としてきた秀才ばかり、その本番でも何十倍の競争率。合格発表の日、掲示板で已れの名前を見出すのはまさに〝砂中に金を求むるごとし〟というほどの難関である。

筆者の時代は昭和の初期だったが、農民は米をつくりながら、その米も満足に食えない恐慌のころで、農家の二男坊である筆者は、当然のように幼年学校を夢みていたが、色盲はダメとわかって受験を断念したわけである。

根本は、その難関を堂々突破しているのだから、心身ともに優秀と大鼓判を押しても、まず間違いあるまい。

つぎは陸士入学であるが、それは幼年学校から入る場合と中学卒業との二通りあった。

中学からの場合は幼年学校と同じくきわめて難関。〝三食昼寝つき〟は親方日の丸の代名詞だが、陸士の場合、昼寝がないから諺通りではないにしろ、学費、経費全額免除であった。

根本はここも優秀な成績で卒業している。つぎは陸士時代の成績が優秀、卒業後の勤務成績がすぐれている者のみ入学を許される陸大に入学する。職業軍人ならだれでも憧れる、あの陸大を卒業したのだ。

その後は連隊長、参謀本部、駐在武官、陸軍省、陸大教官など日の当たる場所だけを歩いている。

しかし、昭和十九年、牡丹江の第三軍司令官から駐蒙軍司令官になるときは、いささか顔色を変えたそうだ。

関東軍の第三軍司令官と駐蒙軍司令官は、仕事に変わりはないけれど、部下の数が二千五百名。それも八分通りは応召の老兵で、近き将来、侵入して来るであろうソ蒙軍と戦えというのは大いに無理だ。丸腰の人間が、雨あられ、砲煙弾雨の敵陣に殴り込むに等しい、と軍関係者ならだれでもそう感じたようだ。

彼が顔色を変えたのは、左遷にも似た移動に顔色を変えたのではなくて、居留民保護を、大本営はどう考えているのか、それに対する大本営の思考を測りかね、顔色が変わったのではないか。

略歴の示すごとく、落ちこぼれでもなんでもない。したがって、顔色の変わったのは、落ちこぼれの反抗ではなくて、己れの生命を鴻毛のごとくに考えてはいるが、己れの功名利益のために他人の生命を軽々に扱わないという哲学を持っていたからである。

彼は居留民の引き揚げまでは、文字通り、あの手この手と手段を変えて戦争の終局を引き伸ばし、居留民が引き揚げるやいなや、将兵を丸一陣地および張家口を脱出させたのである。

承詔必謹は大義であったが、それより人間の生命は重くて尊いものであることを彼は知っていた。

そのころは天皇の御意志、つまり国を守るためなら死も辞さずと教育し思いこませた。護国のためなら、身を鴻毛の軽きにたとえたのであるが、これは目的と手段を取りちがえた論理であろう。人間の幸福、生命を守るために、国という組織体があるということを忘れているようであった。国家の危急存亡のとき、国民は立ち上がるべきだが、生命を捨ててはならない。

国民の存在しない国はもはや、国家とはいえない。

筆者が満州で初年兵のころ、古年次兵や下士官は日夜、

「てめえら初年兵は、一銭五厘の値打ちしかない。一銭五厘のハガキで集められるんだ。ぶっ殺してやる。てめえら殺しても、一銭五厘でいくらでも集まるんだ。両足ふん張れ。……」

理不尽なことを言われ、片手ビンタに往復ビンタ。はては上靴ビンタをとられたものだ。皮の上履の裏に大きな鋲《びょう》を幾つも打ってあるやつだ。それで数十発ぶん殴られたら、だれだってひっくり返る。じつは筆者も上靴ビンタで数分、意識を失ったことがある。

生命軽視の環境の中で居留民四万人、将兵二千五百人を救ったのは根本将軍の生命尊厳の思想があったためである。

「類をもって集まる」あるいは「類は友を呼ぶ」といわれている。善人は善人、悪人は悪人どうし、また同じ趣味を持つ人どうしが相集まるものだ。

*

さて、根本将軍を取り巻く人たちはどうであったか。あけぼの会機関紙によせた赤座弥六

郎氏の一文がある。

——根本将軍の人柄については、義弟の吉村虎雄からしばしば聞いていた。カミソリ人間より昼行燈型の方がイザというときには役に立つようです。台湾密行（筆者注、根本将軍は帰還後、蔣介石の懇請により、彼の協力者として台湾に密行している）に同行した吉村の妻は私の妹です。妹は上海で吉村と結婚したが、そのときの仲人は根本氏でした。

義弟の巧みな中国語と開けっぴろげの性格が買われて、終生、根本氏とは義兄弟の盟を結んでいました。

北京時代は根本氏から大佐の待遇を受けていました。

終戦後、国民政府から戦犯の指定をうけ、吉村夫妻は別れ別れになって、妹は五人の子供を抱え帰国しました。

すこし遅れて帰国した吉村を迎えて、親子六人の貧しい生活がはじめられました。それも束の間、吉村はまた姿を消しました。生活に困った妹は、東京の私のところに手紙をよこしました。

私は小田急沿線の鶴川に、吉村を台湾に連れていった根本氏の留守宅があることを聞いて奥様を訪ねました。

「根本が勝手に吉村さんを台湾に連れ出しておいて、留守宅への手当を考えなかったのは私どもの手落ちでした。事情はよくわかりました。どうぞ吉村さんの全家族を、私のところによこして下さい。この家の周囲は、私が全部耕作しています。六人ぐらいの生活は充分保証できます。いつからでも結構ですから、ここに来られるようお伝え下さい。私が引き受けます」

と言われました。

そのやわらかい態度とやさしい言葉は、厳として犯しがたく、さすがに名将の夫人だけである感激して辞去しました。

さっそく妹には根本夫人の誠意を伝えたが、歯を喰いしばっても、いまのところで頑張り抜くよう激励するにとどめました。

その後、妹は私の母校に務めることになり、生活は一応落ちつき、五人の子供たちの教育に努めました。

吉村はその後、将軍とともに帰国したが、型にはまったサラリーマンなどつとまる男ではありませんでした。生まれながらの大陸浪人的風格をそなえ、明治の気骨そのままで、終生、根本将軍に傾倒していました。

晩年、成長した二人の息子と、いずれも良縁を得た三人の娘にとり囲まれて平和な生活を送りました。

いまや妹も吉村もこの世にいません。妹は吉村より一年先に、この世を去りました。

私の目の前でも平気で妹を、バカ野郎呼ばわりをする吉村でしたが、火葬がすんで骨揚げのとき、「俺より先に死にゃがって、バカな奴ちゃ」とつぶやきながら、妹の遺骨の一片をとり上げて、バリバリたべてしまい、人前で見せたことのなかった、人生最高の愛情を示しました。

いまごろあの世では、妹をつれて毎日のように根本将軍夫妻の荘園を訪ねて、大陸と台湾の思い出に花を咲かせていることでしょう。

第四章　闘魂の証明

敗軍の将の願い

終戦から八日目の八月二十二日、根本将軍は北支軍司令部に初登庁した。司令部入口に整列した衛兵と司令部職員から敬礼をうけ、答礼して司令官室に入り、ご真影を拝んで椅子に腰をおろすと、複雑な思いがこみ上げてきた。

あのときの情景が瞼に浮かぶ。あのとき、すなわち昭和十二年の秋であった。根本は旭川の第二十七連隊長（大佐）から、当時の北支那方面軍の特務部長として着任し、同時に北京特務機関長も兼任した。

あのときはまだ四十六歳、油の乗り切った年齢で、じっとしていられないような情熱があった。根本が着任してまもなく、天津にあった軍司令部が北京に移動することとなった。だが、何分にも急な命令であるため昼夜兼行で開設準備を行なったが、寺内大将の座る司令官室は、根本みずから検分して机、応接セットなど調度品の配置まで決めたものであった。

それから丸八年、今度は中将である自分の司令官室となるのだ。

だが、しかし今度はあのときとまるで事情が違う。寺内大将は勝戦《かちいくさ》の司令官であるところが、根本は敗軍の将。しかも十五日を境に「軍人にあらざる将軍」に転落したのである。

八年の間の転落のようすを考えているうち、涙がとめどなく流れて、どうしようもない。

〝流れに棹〟という諺がある。物事がとどこおりなくどんどん進む、という意味だが、日本の国運が隆盛ならば、この諺も生きるが、だがどこまで落ちるか見当もつかない現況では、ただうらめしいだけの諺である。

しかもいまの根本は、泣くことすら許されぬ立場である。

「待てば海路の日和あり」――あせらずに待っていれば、日本国民にも、ひいては自分にもすぐ好機が訪れる。そう思って一日一日を大切に生きよう。根本はそう心に決めた。

そんな思いにふけっていると、伺候式があるといわれ、副官の先導で会議室の壇上に立たされた。

軍参謀以下各部職員らが、順番に八歩前に進み出て官姓名を名乗り、一礼して席にもどるのだが、将官、文官のうち高等官など数百名が、それをくり返し、めまぐるしいだけだ。姓名などおぼえきれるものではない。

単なる形式である。ただむなしさだけが残る形式である。

海軍は知らぬが、陸軍には心のこもらぬ形式があるものだとひそかにこだわっていたけれど、敗けたいまとなってはただむなしさが残るだけ。こんなうつろな形式を捨てて実のあることを考えるべきだ、と彼は思った。

さて、また筆者の経験であるが、昭和二十年の九月中旬、われわれ関東軍の将兵は雪の降るなか、シベリヤのラーゲリ（捕虜収容所）にぶちこまれた。

収容所の脇には、幅百メートルもありそうな河があって真っ白い氷でとざされていた。だから収容所は、冷凍室に入っているような按配で、零下五十五度。そんな極限の気象状況でも、われわれにはラボータ（労働）のきついノルマ（責任額）が待っていた。鉄道敷設である。

ハバロフスクから貨車で一週間。ソルダート（ソ連兵）に地名を聞いても、ヤー・ニズナイ（おれ、知らん）と言うばかり、ゲー・ペー・ウーに口止めされているためか、あるいはまた日本の数十倍もあるという広いシベリヤ。原生林と夏になれば茅が二メートルほども伸びる平原があるだけ。人っこ一人いない場所だから、名前なんかないのかも知れぬ。

そんなわけで、この奥にテリマという町があるらしいと、捕虜仲間に聞いただけだ。それもあてにはならないから、自分が三年三ヵ月もいた場所がどこにあるのか知らなかった。

記憶喪失の人たちは、まず最初、「私はだれ、ここはどこ」と聞くそうだが、四十余年、ついにわからずじまい。

だが、「すてる神あればひろう神あり」で、ついに見つかった。最近、評論家の木屋隆安氏が満州とシベリヤの地図をくれたのである。

その地図は、読売新聞が昭和十三年十月、付録として発行したもので、筆者が探していたテリマの町があった。バイカル湖の近くである。もっとも古い地図だから距離の表示がないので断言はできないが、百キロくらいか百五十キロくらいバイカル湖と離れているのではないか。

「千キロばかりは距離じゃない」と笑うシベリヤである。百キロや百五十キロはすぐ近い、という表現をする。

前書きが長くなったが、そのラーゲリに着いて一週間目、昇任式があるという布令が回った。

新京の収容所生活、シベリヤへの長旅、土砂運搬などでほころび、泥んこになった着たきり雀の作業衣をつくろって裏庭に集合した。

満州に侵入したソ連軍のうち相当数が囚人兵だそうで、彼らがぶちこまれていた監獄が日本人捕虜のラーゲリになった、というが、古い逃亡よけの外柵、監視櫓などがそれを物語っている。ラーゲリも相当の年代物で、丸たん棒で組み立てた二段ベッドの長さも、日本人の身長よりぐっと長い。

その裏庭はインスタント兵にされた彼らが運動に使っていたものらしい。

粗末な獄舎にくらべ、その裏庭は広い。そこで、形式はおごそかで内面はまさにこっけい、噴飯物の昇任式が行なわれた。

勤務成績優秀な者のみ昇級するというが、五日や六日のラボータで、勤勉か否の判定などできるものではない。

骨を刺す寒さに、コーリャンがゆのすきっ腹。だれだって起きているだけで精いっぱい、とてもノルマ・カンチャイ(責任額達成)なんて高嶺の花だ。それがわかるというのだから、ソ連のカマンジェル(偉い人)は霊能者、神通力のある現神人だ。

ともあれ二等兵が一等兵、一等兵が兵長、兵長が伍長、伍長が軍曹。くだらないからこの辺でやめるが、十数名が一階級ずつ進級したのである。

どのようにして調達したか知らないが、星や金筋を持ってきた。進級させたからには、星や金筋をふやさにゃ格好がつかないと思ったらしいが、肝心の関東軍は崩壊し、武装解除で兵隊サンではなくなったのだ。民間人が兵隊の位をもらっても、どうしようもない。

これにまさる形式はない。捕虜の心には、形容しがたい、むなしさ、悲しさが複雑にからみ合って湧き上がる。

旧関東軍がないチエしぼって考えたことか、腹にいちもつ、手に荷物のソ連製か、とにかくつまらない形式を兵隊におしつけたものだ。貴重な休憩時間を一時間もフイにして、捕虜たちはアッケにとられ、闇夜に鼻をつままれたような情けない表情をする。日本人もソ連人も形式が好きらしい。

負けた後もこんな形式にこだわってはいけない。そのときの根本にとっては、そんなうつろな形式よりも、軍全般の状況、とくに昨夜、丸一陣地を撤退したはずのわが部下たちのようすを知りたかった。

根本のもっとも気にかかっていることは、幸いにもその日の夕方、知らされた。

同日の午後になって丸一陣地の守備隊は、ことごとくぶじに離脱し、憂慮していたソ連軍機甲部隊の追撃をうけることもなく張家口およびその周囲に集結し、大休止の後、内長城の八達嶺の線に後退する予定。

さらに上海付近から増援の歩兵師団のほとんどは天津に集結し、戦車第三師団の主力も華中方面から北京周辺に集結を終わった、という。

そこでさっそく、歩兵師団長を天津地区の警備司令に、戦車師団長を北京警備司令に命じ、また張家口から撤退してくる駐蒙軍主力に内長城線八達嶺の陣地守備を命令、現在までその地区を守備していた保定の下士官教育隊は、駐蒙軍の一部と交替してふたたび保定に南下、その地区の警備に任ずるよう命令した。

また山西省駐屯の第一軍、河南省の第十二軍、山東省の第四十三軍に対しては、情勢報告のため参謀長もしくは次級者を北京に派遣するよう命じた。

かくのごとく根本将軍は、敗戦後も居留民と現地人を保護するよう細心の注意を怠らなかった。

それにしても、関東軍将兵に対し関東軍総司令部、各軍司令部とも八月九日以降、なんら作戦、行動の命令はなく、したがって将兵は終戦も知らず、一コ小隊、一コ中隊などのごく少数で満州の広野を放浪し、ソ連軍に遭遇すれば弾薬皆無のため、肉弾戦を行ない、意味もなく多数の生命を失った。

壮年男子をことごとく召集された開拓団婦女子の逃亡も、悲惨そのものであった。

根本は、東奔西走のうちにも寸暇をさいて前臨時政府主席の王克敏をその私邸に訪ねた。

王は不自由な体を従者に支えられながら出迎えてくれた。懐かしさをかくしきれず、二人とも目に涙を浮かべている。

「野に下った老骨を、最高司令官が来訪されるとは空前絶後である」

と手を固く握ってくれた。

しかし、そう言われても、いまはまさに敗軍の将でなんの力もない。恥ずかしい限りである。

「あなたには昭和十二年、北支方面軍特務部長兼特務機関長として着任して以来、たびたびご苦労をかけ、日中事変の解決と両国の提携にご尽力願いましたが、そのご努力もむなしく、日本の敗戦によって、今日にいたりましたことを深くおわび申し上げます。

あなたのお骨折りを水に流してしまった日本の責任者の一人として、この上あなたにお願いいたしますことは、まことに厚かましい限りですが、今日この混乱に乗じて、中国人が思惑その他をやりまして、インフレーションを起こしますと、華北の経済を破滅にみちびくことになりかねません。

その結果、被害をこうむるのは、中国人自身でありますから、私はいままで通り政府委員を指導して、極力インフレ防止につとめますから、あなたも中国民間人を指導して、ご協力下さるようお願いいたします」

根本将軍が情理を尽くして懇願すれば、王は緊張した表情で、耳を傾けていたが、おもむ

ろに口をひらいて、

「インフレ防止は、このさい、とくに大切な問題で、いまの私にその力があるとは思えませんが、それは結局、中国人のためになることですから、できる限りの協力は惜しみません。私はあなたという知己を得たことをもって満足していますから、〝漢奸〟と呼ばれて死刑に処せられても、決して後悔はしません。インフレ防止に老骨を捧げましょう」

と言い、終わればブランデーの盃を挙げて、たがいに協力を誓いあった。

翌二十三日、駐蒙軍主力は内長城線八達嶺の陣地配備につき、徳王、李守信の一行も、ぶじ北京に到着したと知らせが入った。

三つの基本方針

北支那方面軍庁舎内に駐蒙軍司令部を併設し、方面軍以下の各部長、公使館職員、華北政務委員会の日本人顧問および在留邦人中の有力者を集めて終戦にともなう「善後処理委員会」をつくり、そこで協議決定された事項は、根本の全責任において、それを決済し、実行にうつすことを宣言した。

徳川幕府の圧制と悪臣の跋扈《ばっこ》により、窮乏のどん底に突き落とされた信州松代藩を救った恩田杢と同様、広く意見を求め、施政に反映させるべく決意したのである。

根本は時をうつさず、つぎのような三つの基本方針を明示して、管下の軍隊と官民にその実行を要望した。

一、われらは戦いに敗れ、力尽きて降伏したのではない。わが国の伝統を重んじ、いままでの戦いは全員玉砕しても降伏を拒否してきた。

このたびは他方面の戦績から、国家が連合国に対して無条件降伏したために、われわれは天皇陛下の命により、中華民国軍に降伏することになった。

そこでわれわれが、この勅命に服従しなければ、天皇陛下が連合国から、その責任を問われ、わが国体に累をおよぼす恐れがある。したがって整然とした秩序を保ち、従順に国民党政府の指定する軍に降伏することが、現在われわれに課せられた最上のご奉公であり、わが陸軍に残された最後の使命である。

このことを深く心に念じ、事態の許す限り私の命令にしたがって行動し、各人勝手な行動をとらないよう切に要望する。

二、われわれは中華民国政府の指示にしたがって降伏し、その指定する軍隊の武装解除をうけ、われわれの所持する兵器、弾薬、器材その他の軍需品を引き渡さねばならない。したがって中国国民党軍以外の軍隊はもちろん、たとえ中国軍であっても、国民政府の指定しない軍隊には、一切武器、軍需品を引き渡すことはしない。

わが軍の武装解除前に、国民政府の指定しない軍隊が、わが軍占領地より六キロ以内の地点に接近して来る場合には、断固、戦闘行動をもって撃退すること。

右の戦闘行動によって起こる責任は、挙げて本職が引き受ける決心であり、戦闘を行なった部隊には一切責任を負わせせない。

三、無条件降伏をした日本が、いつ再起し得るか、今日予測はできないが、相当長い年月を要するものと考えねばならない。この日本が落伍している間に、これからアジア民族を代表するものは中国をおいてほかにない。

今日まで中華民国を傷害した兵器も軍需品も、今後は中華民国の復興に役立てることが、われらの罪滅ぼしであり、日本の利益になると思う。

いま目の前の感情に走って、無意味にそれを破壊したりすることなく、一銃一馬であっても、これを最良の状態に保って、中国側に引き渡すよう心がけなくてはならない。すべてにおいて、いままでのような日本本位の狭小な了見を捨てて、これからは、アジア全体を見通す大局的見地に立つよう切望する。

敗戦になったからとて、自暴自棄に陥るようでは、われわれの先輩が、長年月にわたって、築き上げて来た日本陸軍の名誉を、一朝にして破壊することになる。古くから日本に伝わる「腐っても鯛」という諺を、このさい深くかみしめて欲しい。

右の方針により、「刀折れ矢つきて玉砕するまで降伏しない」という強硬派と、「国家が降伏した以上、ふたたびわれわれは武器をとるべきでない。相手がソ連軍であるか、中共軍であるかを選択する必要はなく、早く武装解除を要求された相手に応ずべきだ」という軟派は大体、説得できたようである。

根本の方針に万人が賛成か、というと、決してそうではなく、反対の声も起きたようだ。

その意見はつぎのようである。

一、中国共産党軍といっても、中国軍であり、中国戦区内の日本軍が、この武装解除に応ずることは、なんら違法ではない。そのうえ中共軍は、日本人を優遇するといって来ているのに、それを拒否して国民党軍に対してだけ兵器、弾薬およびその他の軍需品を引き渡そうとするのは、根本一流の蔣介石かぶれだ。現にいま華北に存在する中国軍のほとんどは中共軍である。

そのうえ、熱河方面を占領しているソ連軍が、万里の長城を越えて南下、中共軍と協力するようになったらどうするのか。

国民党軍が、華北に来るには早くてもまだ半年ぐらいはかかる見込みだし、根本の私見によって、これ以上われわれが犠牲を強いられることは我慢できない。

二、右の反対論に同調するかのごとく某予備中将が北京郊外の西山に行き、中共軍の代表者と会見した。この中将は予備役のため、軍務とは関係ない一居留民である。

かつて軍務にあったことを理由に、しゃしゃり出たものであるが、戦局全般に対する見通しが甘く、狭い私見の域を出ていない。ところが、予備役であっても中将であるから、日本代表のごとき印象を持たせて中共軍代表と会見したのである。

居留民にとって迷惑この上もない話である。

根本が軍務を終え、宿舎にもどると、その中将が待っている、という。二時間も前から待っていたらしい。

西山で張学良の弟と称する中共軍代表と会ったらしく、「方面軍が中共軍に対し、とっている態度を改めない限り、重大な危機に陥る」というのである。

その中将は陸士で根本中将の三年先輩であり、中国通でもあり、過去に幾多の要職についた人物である。たとえ予備役に編入されたといっても、根本個人としては信頼も尊敬もしているのであるが、それと政策はまったく別なものである。

軍隊に限らず、いずれの組織でも、先輩、後輩の関係というものは外部からは、うかがい知れない特殊な強い力を持っているものである。しかし、いまこの力に押し切られては、部下と居留民のために決していい結果をもたらさない。

根本中将は固く念を押した。

「予備役であるからして北支方面軍とはなんら関係ないとはいえ、陸軍中将であることは衆知の事実であります。その閣下が中共軍代表などと面接すれば、あたかも北支方面軍の依頼であるかのごとき誤解を招き、ひいては軍および将兵にも悪影響をおよぼす危険があります。今後、絶対にそのようなことはやめていただきたい。

私たちは、居留民および将兵の内地帰還を第一目標にして頑張っております。かかる目的実現の過程で、お気にさわるようなことが生じましたならば、直接、私に御注意下さい。なんと申しましても在留邦人が一名残らず帰国できるよう頑張っています」

右のよう北支那方面の作戦行為の妨害とならぬようにこの中将には切々として訴えたのであるが、後日、この中将は国民政府によって戦犯として処刑された。ほかにも原因があったかもしれないが、逮捕理由は中共軍に策動した、というものであった。

英知と決断

将兵および在留邦人の運命にかかわるような重要案件と在留邦人個々の問題が山積。根本は己れの睡眠さえ惜しむようにして東奔西走していたある日、在留邦人の有力者が、「中共軍の使者が来て、石家荘の郊外で待っている。できうれば軍の幕僚を一人派遣して欲しい」

と伝えて来た。これは幕僚に言いふくめ、しかるべく追い払ったが、性懲《こ》りもなく今度は、「中共軍の日本人最高顧問と称する岡野進なる者が、北京の門外に潜行してきた。きわめて重大案件であるので、司令官との面会を希望している」

と伝えてきた。

根本は情報担当参謀に、岡野と自称する人物と会って用件を確かめるよう命令した。翌日、その参謀は、件《くだん》の人物と会見し、つぎのような報告をもたらした。

「岡野に会って来ました。岡野というのは変名で、本当は野坂参三という日本共産党の有力者です」という。

戦前、日本では共産党は非合法、つまり許されざる組織とされた。したがって、マルクス主義の勉強、宣伝および党勢拡大のための運動など一切が禁止されていた。非合法活動であるから結社も認められず、また市町村議員から国会議員まで共産党員としての立候補も認めれず、共産主義者には就職の扉は固くとざされていた。だから、党員はいかにして生活していたか一般には不明であった。

宣伝の対象はとくに高等、専門学校、大学生に向けられていた。マルクス理論を多少なりとも理解できる対象として学生を選んだのではないか。

それに対する捜査当局の穿鑿《せんさく》も厳しく、マルクスの資本論など下宿の本棚にでもあれば〝赤〟の烙印を押し、留置、取り調べ、事実または捏造の事件を自白させるため、常識では理解に苦しむような責め、折檻もあえて行なったという。

じつは筆者の兄も東京遊学中、郷里長野県の警察から出頭命令があった。筆者も東京で学んでいたため、同じ部屋を二人で間借りしていたが、月末のため懐中無一文、仕方なく級友から借り集め、往復旅費の約六円を兄貴に渡したものである。

兄貴は三日の留置。その間、

「資本論を読んだはずだ。いくらかくしてもダメだ。友だちがゲロしてるのだ」

と迫り、あくまで自白させるつもりだ。しかし、兄貴は農業協同組合について研究しているが、資本論など手にしたことはない。

なにしろ貧乏学生だから、本郷赤門前の四帖半一間に二人で暮らしていたのだ。兄貴のことならなんでもわかっている。若干の参考書を持っているだけだ。

それに第一、国禁を犯すような男ではない。後でわかったことだが、中学の同級生を別な容疑で捕らえたところ、捜査員の心証をよくし、調書の内容に手心をくわえて欲しかったようで、あることないこと、なんでもしゃべったらしい。その中に真面目一方の兄貴が資本論を読んでいると捏造したのである。

資本論とまったく縁のないことがわかって三泊だけで釈放となった。しかし、たった三晩の留置でも、山家育ちの〝坊や〟にはひどくこたえたらしく、東京に帰った夜は一升瓶を抱え込んでクダを巻いていた。

そんなわけで党員のなかには、捜査当局に捕まると転向を誓って満州、支那の大陸へ流れていった者が多かったと聞いている。

これに戦後、目をつけたのがソ連であった。転向者たちは共産主義を捨てたはずだけれど、根が根だから、敗戦と聞くやソ連側に売りこんだものであろう。

さて、その参謀は、

「これからの日本では、共産党も立派な政党として公認されるそうだ、と言っていました。それは、一口に共産党といっても、ソ連の方式とは違う日本流の共産党を再建する決意である、と言います。

彼の言うところは、ちょっと理解に苦しむようなところがありますが、かいつまんで言いますと、天皇制の下で経済機構だけを共産党流に改革するという方針だから、日本国内にも共鳴者が多いはずである。だから戦争が終わって日本に帰国するまでの軍隊が、暇のあるうちに、野坂らの思想を軍隊内に宣伝することを許可してくれ、という要望でありました」

と報告してきた。

ソ連は満州に侵入して関東軍将兵を拉致し、自国領のシベリヤに抑留。その一方で、交戦したわけでもない中国領内で、日本将兵に共産主義を鼓吹しようとするのである。なんともあきれた話ではある。

根本は熟慮の末、つぎのような結論を得た。

戦争が終わったのだから、まもなく武装は解除される。そうなったら兵も一般国民である。一般国民となれば、元司令官といえども命令の権限はない。武装解除後、そうした宣伝をうけるとしても、それはそれで仕方ないのではないか。個人の選択にまかせるよりほかないかも知れぬ。

だが、その結果、兵士たちの中共軍にたいする気持が変わって、国民党軍に武装解除したのは間違いである。中共軍にあらためて武装解除をさせよ、などと言い出す部隊が出てきたら、それこそ大変である。

「千里の堤も蟻の一穴から崩れる」という諺もあるほどだ。油断してはならない。

それに中国共産党に対するソ連の支配力は絶大である。かりに野坂参三らが、天皇制を維持しようと思っても、ソ連からニナーダ（必要ない）と言われたら一巻の終わり。ソ連共産党のイデオロギーを知る者ならば肌に粟を生ずるところだ。

「君子危うきに近寄らず」である。昔の聖賢は、「君子たる者、己れの身をつつしんで、決して危険に近寄らない」と諭したものである。そして「口は禍の門」ともいう。口から入る飲食物から病気になったり、口から出た言葉から禍をうけることが多い。口は禍の入ってくる門のようなものである。

ここで根本がオーケーと言ったなら、想像もつかないような結果を招来するかも知れぬ。ノーと言うにかぎる。

そこで参謀に、つぎのごとく伝えよ、と命じた。

「共産党の宣伝を、日本軍隊内で行なうことを許さない。私はとくに野坂には会わない。野坂が北京市内を徘徊しているということが憲兵に知れたら、憲兵はかならず逮捕するだろうから、一刻も早く北京から去った方がいい。以上の諸点を野坂に伝えた後、なお野坂が北京市内をうろついているようなら憲兵に追わせろ」

疫病神は一刻も早く追い出した方がいい。

事実、根本のとった措置は間違っていなかった。もし、あのとき、野坂参三の申し出を許していたら、日本兵の洗脳、赤化を行ない、当然、民主グループが組織され、無辜《むこ》の同胞を塗炭の苦しみに突き落としたであろう。事実、シベリアの抑留者たちは生命を奪われ、生き残った者も数年、長きは十一年も獄舎につながれ、「われらの祖国ソ同盟のために……」と叫んで過酷なノルマを強制されたのである。後でわかったことだが、そのころ日本人赤化工作の主柱として活用するため、ハバロフスクにおいては「日本新聞」の創刊について着々と準備が進められていたのである。

創刊は昭和二十年の九月十五日であった。

最初はタブロイド四頁であったが、活字は全部日本字である。植字工も印刷機も必要だ。

そのほか写真班、写植、文選と複雑な仕組みである。

この新聞の発行部数は五十万部、もっとも多いときは八十万を越えたといわれる。しかし、宣伝好きのソ連のことだから、サバを読んでいる向きもある。大体この半数か三分の一が妥当な数字であろう。

この新聞は、地方または地区ビューローを通じて各ラーゲリに送られるが、輸送は自動車もしくは汽車、ヨーロッパ方面へは飛行機で送られていた。

編集責任者は元タス通信社日本特派員として在日八年の日本通であり、大場三平のペンネームを持つコバレンコフ中佐。この下に編集委員長のフリロコフ大尉、その他ソ連宣伝係の上級中尉四名、印刷係大尉ら六十三名のソ連人が働いていた。

日本人側の編集責任者は、諸戸文夫のペンネームを持つ浅原正基。記者には新聞行政責任者で論説も書く相川春樹（矢浪久雄）、天皇制打倒のスローガンを掲げるのに反対してプチブルと非難された小針延次郎、元工兵中尉の宗像肇、袴田陸奥夫、高山秀夫、吉良金之助、井上清らが席をならべ、また印刷、植字、文選工らをくわえて合計七十名からの日本人がいた。

これだけの日本字設備と日本人を準備し、しかも終戦まもない九月十五日に発行するためには二〜三ヵ月前から準備しなければなるまい。独ソ戦に勝利した時点で、満州侵入を決定したものといっても過言ではあるまい。

ソ連の野望を見破れなかった関東軍は、多くの生命を失い、戦後四十余年を経過しても残留孤児問題は解決していない。

あのとき、野坂参三の申し出を受け入れていたとしたら、中国居留民もひどい目にあうのは必定。根本の英知が数十万の生命を救ったのである。

ついでに書けば、昭和二十五年、いわゆる徳田要請事件なるものが起こった。それは在ソ日本人捕虜のうち、思想改造の不十分なものは帰国させないようにと、日本共産党書記長徳田球一の名においてソ連当局へ要請された、というものである。

この事件は最初、参議院引揚問題特別委員会で取り上げられたが、徳田書記長に対する追及のみ急であったため、いたずらに徳田書記長の怒号に終始し、確たる結論は出なかった。

しかし、この要請が本当とすれば、シベリヤ抑留体験者にとって許すべからざる行為である。もし野坂参三の要請を根本将軍が許可していたならば、これと同様か、類似した手段をとったかも知れない。

魔手の犠牲

居留民の引き揚げた張家口は、なんといっても静かだったが、前線はまだくすぶっていた。

北の長城線の関門古北口方面を警備していた混成旅団は、歩兵二コ大隊と工兵一コ中隊の兵力だったが、その城壁下に、北方から白旗を掲げたソ連の軍使がやって来た。

混成旅団の参謀は、城外に出向かず、迂闊にもソ連軍使を城内に引き入れてしまった。

城外で交渉するのが作戦の常識。しかも数名の編成なら危険はないが、そのとき、軍使の護衛兵は二百名、しかも例のマンドリンと称される自動小銃を抱えている。機関銃二百梃の脅威である。

激戦の張家口から古北口に後退して油断が生じたためか、終戦後、相当の時日が経過しているので「まさか」と思ったのか、バカげた限りであるが、城内に引き入れるや、護衛兵は参謀を取り囲み、武装解除に応ずる命令を出させ、しかもそのうえ参謀と、その場にいた歩兵二コ大隊と工兵一コ中隊をトラックに乗せ、満州国の熱河方面に連行してしまった。

この報告をうけた参謀長は烈火のごとく怒り、

「あの混成旅団長は、陸大の同期生でありますが、意気地がないので、第一線の攻撃部隊長は無理と思って、後方の古北口にやったのですが、またこんなだらしないことをやりました。どうか司令官の権限で、彼の指揮権を剝奪して下さい」

と申し出てきた。

終戦の詔勅があってから十日以上も経過してまだ戦闘がくりかえされたことなど、この地に住む者以外だれも信じないであろう。しかし、現地では作戦も軍事行動も、従来と変わりなくつづけられていたのである。

参謀長は気を静めようとするのか、煙草に火をつけてから、

「後任には軍事顧問部のA大佐をお願い致します。彼は閣下のお考えを充分に理解しておりますし、人物はきわめてしっかりしておりますので適任だと考えております。ぜひご一考をお願い致します」

という。根本はこの提案について、

「A大佐の人物については、若干の知識はある。適任だと思う。だが、混成旅団長の報告によると、旅団参謀のとった行動は思慮をはるかに越えている。あまりにもバカバカしく、手もなくソ連軍使に欺され、ポカをやった気がするが、古北口の地形をみると、この報告をそのまま信ずるわけにはいかない。ひっかかるのだ。その場に立ち合ったわけではないから断言できんが、どうも釈然としない。

どうだろう、旅団長に、もう一度、旅団主力をもって古北口を取りかえし、万里の長城以南には敵を侵入させないよう阻止せよと命令せよ。それができないと回答してきたら、そのとき指揮権を停止したらどうか……」

根本は命令調ではなく、あくまで相談という形で話をすすめた。

いまのままだと、混成旅団長も、当の旅団参謀も、醜を中国の天地にさらしたままに終わってしまう。さらに根本は司令部参謀に、

「根本司令官は相当強い決意のようであるから、もし古北口に前進、敵を阻止できない、というならば、指揮権の剝奪というような、もっとも不名誉な結末を招くかも知れないと気合いをかけたらどうか」

と、釘を刺すことは忘れなかった。

人間はそれぞれ異なる性格を持ち、また時により、その運命も、運、不運にわかれるものである。しかし、いまは一戦たりとも大事である。

真相の不明なミスで首をすげ替えていては、守りの戦争はお手上げである。限られた将兵で、邦人引き揚げの交渉妥結まで敵を阻止しなければならぬ。

ソ連軍が万里の長城を越え、中共軍と合流したらすべての計画は水泡に帰し、邦人引き揚げは長期化し、将来はシベリヤ送りとなるは必定。ここはなんとしても将兵の闘魂にいま一度、火をつける必要がある。

混成旅団長と古北口を守る将兵を思いながら、根本は旅団参謀長に相談したのであるが、根本司令官の花も実もある意向を伝えられた混成旅団長も、将兵もふるい立ち、まもなく古北口の奪回に成功した。

そのほか、万里の長城の東の涯、山海関も、古北口と似た条件下にある。この街はその半分が万里の北にはみ出ているので、長城線までを占領するのがソ連の目標であるならば、ソ連はぜがひでも、その北にはみ出ている部分から侵入して来るであろう。

そこで思い切って山海関はあきらめて、そこの軍民を、南の秦皇島に引き揚げさせた方が得策である、と考えた根本は、軍民に指令し、秦皇島に移らせた。

しかし、山海関駐在の領事は、事態を軽視したらしく、引き揚げには絶対反対の態度をとった。

張家口の公使も、大東亜省のハナ息ばかりうかがって邦人の引き揚げに消極的。邦人四万の生命を思う根本がニセの作戦命令で、公使に大東亜省の引き揚げ指令を引き出させたほどだが、役人の優柔不断が恐ろしい結末を招いてしまった。

領事は己れの家族はもちろん、館員とその家族の足まで山海関に釘づけにしたのである。館員の子供たちが、涙ながらに幼なじみや級友を見送った数日後、雪崩れのごとく殺到したソ連軍は、まず領事以下、男子館員をことごとく監禁し、貴金属、食糧をはじめ目ぼしい衣料、物資をすべて掠奪した。とくに彼らの盗人心《ぬすっと》を誘ったのは時計とパンツに靴下である。柱時計も置時計、懐中時計もハラショウ、ハラショウ（いいよ、いいよ）。腕時計にいたってはオーチンハラショウ（最高）と飛びついた。しかし、生まれてはじめて見る文化の産物であるから、どうしたらいいか、わからない。最初に飛びこんだやつは、右腕に二個も三個もはめている。

しかし、後から来たやつに、一人占めはニーハラショウ（よくない）とかみつかれてしぶしぶ渡していた。

パンツもはじめて見る代物だ。パンツを下げて不思議そうな顔していたが、股が二本あるところから、はくものと納得して、これもハラショウ。もうすぐ厳寒の冬がくる。ズボンの下にはいたら、さぞ暖かくて按配がいいだろう。彼らはそんなことを考えているのではないか。申し合わせたようにニヤッとした。

靴下もぶら下げてしげしげと見ていたが、足にはくものとようやくわかった。先端の部分が五本の指に分かれていれば彼らにもすぐわかったであろうが、先端がずん胴である。それでもこの世に靴下というはきものがあると聞いていたが、それを思い出した。

彼らがインスタントの兵隊（ソルダート）にされるまで生活していた刑務所の事務室で、

柱時計や置時計を見たことはあるが、腕時計は初のお目見えである。いくつもはめた方がブルジョアに見えるだろうと思っているから始末が悪い。

左腕に一個だけつけるなんてことは知らない。

靴下もはじめて見る文明の衣類だ。彼らは領事館員の家で、いままではいていたボロを足からほどき、靴下をはいてみた。オーチンハラショウである。

生まれて靴を履くようになってずっと巻きつけていたボロ布だから、こんなものだと思って気にもしなかったが、ボロの巻き方にムラができて具合が悪かった。長く歩くと足の底が痛くなる。ところが、この靴下、重なる部分がないから、足の裏に平均に当たってなんとも心持ちがいい。

靴下をはいて、パンツで股間をおおい、腕に時計はめて帰ったらカアチャン驚くだろうな。戦争が終われば、刑務所に帰らなくてもいいだろう。居住区域と行動半径は決められるが、足枷ははずされる。

いまはまだ戦闘のない夜間は足枷されるが、ソ連へ帰れば足枷とは、おさらばだ。またシベリヤに送り帰されるらしいが、それだっていい。腕時計をはめて見せびらかしてやろうじゃないか。

戦争がなけりゃ一生刑務所暮らしだ。これも戦争があったからこそだ。

ソ連指導者はソ連と党だけを強調し、個人の生活を抹殺したが、一般国民は鎖のない自由な生活だけを望んでいた。だから、足枷から解放してくれる戦争は自由になる好機であった。

さて話は変わるが、筆者は新京の収容所で、時計をはじめ身ぐるみはがされて文字通り〝着たきり雀〟にされた。

もっとも強奪しても、時計なんて代物に関する知識はまるでない。ネジが切れれば針が止まるのは自然の理、当たり前の話だが、彼らはてっきり故障と思いこむ。

「ヤポン……。ニーハラショウ」

時計を持ち、血相変えて飛んで来る。

はじめのうちは、「どんな具合?」などと、彼らにはわからない日本語をつぶやきながら、ためつすかしつした揚句、そっとネジをくれていたが、そのうち己れのお人好しに気がついた。

奪った張本人に愛想笑いしてなおしてやることはないではないか。ただネジをくれるだけだが、彼らはネジで動くことを知らないのだから、ネジをくれてやれば、故障を修繕したと同じ結果だ。

弱い立場の捕虜が、勝者に慈善事業することはない、と気がついたのだ。

それからというものは、彼らが時計を差し出せば、それを受け取らずに、「タバコ」と言って右手を差し出す。彼らはそうした暗黙の取り引きになれているらしく、ポケットからマホルカを少々を取り出す。

タバコの葉っぱを乾燥してあらくもんだ代物で、香料など使っていない。未開の人種が吸うタバコだ。それを紙に巻いて、紙の合わせ目はツバでとめる。最初のうちは、吸うたびにむせて困った。そんなわけでまぜ物がふくまれていないから強烈だ。最初のうちは二、三服吸いこんだだけで、足の先までズーンと感じたものである。

さて話を前にもどすと、山海関の領事、領事館員が監禁され、物資を掠奪されたが、戦争だからいたしかたないといえばいえるが、つぎの事件だけはなんとも許しがたい。婦女子のうち相当数が凌辱、暴行をうけたのである。女性にとって貞操はもっとも大切なものとされていた時代である。魔手の犠牲となった彼女たちの哀しみは想像にあまりあるところだが、助ける者とてない満州では、

「マダム・ダワイ」

「マダム・ダワイ」

と叫びながら、青目を吊り上げて女性をさがすソ連兵をどうすることもできなかった。彼らが獄舎で禁欲生活を強いられていた結果ではあるが、彼らには貞操の観念というものがどだいなかったのである。

妻帯者でも人妻でも、男女の交際は自由。ただ金品のともなう男女交際は、売春行為として取り締まりの対象とされていた。

日本人捕虜が人妻に犯されたり、コルホーズでともに働かされていた女囚に輪姦されたなどという歪《いびつ》な情事は、耳にタコのできるほど聞かされたものである。

ロシヤ革命以後、刑法五十八条という法律が制定され、国民の思想、生活をがんじがらめ

にし、配給の貧しい食糧でノルマに苦しめられ、立ち話すら、うっかりできない、という極限の生活から、わずかな時間でも逃れ、忘れさせてくれるのは性しかなかったのであろう。逆にいえば、過酷な生活の逃げ道として性の自由を許したのではないか。

わが国でも徳川時代、百姓、町人に七・三という物凄い税を課した。百姓が収穫の七割を取り、残り三割が為政者のフトコロに入る、というなら許せるが、じつはその反対である。

藩主に七割、百姓に残り三割であった。

当時、士農工商が階級制度の基本であった。職業によって身分の上下を制度化したもので、武士を支配者と決め、つぎは百姓、職人、商人の順であるが、実際には一括して百姓、町人といわれ、農、工、商の間にそれほどの身分差はなかった。

なんといっても絶対の権力者は武士で、それを統括するのに藩主がおり、日本全国の各藩主の上に徳川幕府があった。

ともあれ、武士階級をのぞいて一般庶民は幕府の圧政に泣き、ときに一揆に発展することもあったのである。

日本の幕府は階級制度に求めたが、ソ連は自由な男女交際と性道徳に求めたのではないか。

さて、山海関駐在領事館関係者のうち婦女子の多くが凌辱、暴行をうけた事件であるが、被害者は生きている限り屈辱感と道づれになるだろう。それは例の貞操感の問題だが、ソルダートの場合は、貞操などという言葉も意識もないから、

「マダム・ダワイ」と挨拶すればすべてこと足りると思い、しかもなぜ、あんなに抵抗するのか、不思議に思ったかも知れない。

それはともかく、山海関を放棄した日本軍は、秦皇島に転進、陣地をかまえた。そこへソ連軍が進撃、陣地前まで来たが、戦車をふくむわが軍の防備に驚き、山海関に引き揚げ、そこから今度は錦州方面に退去したという。

前記のように意気地なし、といわれた混成旅団長は古北口を奪回し、秦皇島では、武器と兵員を誇るソ連軍の南下を阻止することができた。負けた後でも、作戦と敢闘精神が大切であることを証明したようなものである。

*

華北における根本軍司令官の動向の背景を知るため、南京総軍司令官岡村寧次大将と中国国民政府蔣介石主席との接触の経過を大略触れておこう。

一、重慶と和平交渉を行なう。

㈠昭和二十年二月下旬、中国第十戦区副司令何国柱上将の部下李耀上校と、総参謀副長今井武夫少将との間に和平に関する接触が図られた。

数回におよぶ交渉の後、七月九日、今井少将は中国側の指定した河南省新站集に行き、何上将と予備会談を行なった。今井少将は十四日、南京帰着。総司令部はただちに電報と航空便によって詳細を大本営に報告したが、回答は得られなかった。

㈡八月十五日、重慶第三戦区司令顧祝同上将の使者として張叔平将軍が総司令部にあらわれ、

「岡村総司令官の代理をただちに江西省玉山に派遣されたし」

と要請し、重慶放送は蔣主席名儀で、

「日本政府が正式に無条件降伏を受諾したのにともない、岡村総司令官は、ただちに一切の軍事行動の中止を命令し、その代理者を何応欽上将のもとに派遣して、命令を受領すべきこと。また現在の状態を維持したまま、所要の秩序維持に任ずべきこと」

を報じた。

㈢八月十七日、今井少将、中佐参謀橋島芳雄、少佐参謀前川国雄、通訳岡林辰夫らは杭州の丁省長を訪ね、顧上将と会談したき旨を説明、その連絡を依頼したところ、翌日、

「王山飛行場は破壊されている。湖南省芷江に来い」

との指示があった。

今井少将一行は上海に引き返し、二十日、漢口に飛び、二十一日、中国側の指示にもとづき、赤の吹き流しをつけた輸送機により、洞庭湖西岸の常徳上空に達し、中国側戦闘機六機に誘導されて指定の芷江飛行場に着陸。

二、芷江会談

㈠八月二十一日午後四時、今井少将ら一行は帯刀のまま席につき、会談は約一時間行なわれた。

中国側代表は、陸軍総司令部参謀長中将蕭毅粛、副参謀長中将冷欣、通訳上校王武江。アメリカ軍代表、中国戦区アメリカ軍参謀長准将バトラー。

右のごとき中国、アメリカ代表と日本側との間に、停戦交渉を進めてゆくための基本的内容に関する協議が行なわれた。

㈡同日午後八時半から二時間行なわれたが、中国側代表はつぎのごとく入れ替わった。中国陸軍総司令部副参謀長少将蔡文治、第二処長少将鈕先銘、上校趙廉一、上校劉某。通訳は先の会談と同じく王武江であった。

㈢八月二十二日午前十一時より四十分間、行なわれた。

会談は日本側今井少将、木村通訳。中国側冷欣中将、王武江上校。アメリカ側バトラー准将で、重慶国府軍の南京進駐に関する協議であった。

㈣八月二十三日、中国陸軍総司令上将何応欽のほか前記の蕭、冷、王、それにアメリカの准将バトラーが今井少将に対し、何応欽の指定する国府軍以外を、中国軍隊とは認めない、という口述命令が達せられた。

三、南京会談

㈠八月二十七日、今井少将は、参謀小笠原清中佐とともに冷中将ら中国側代表団を訪問した。そのとき、中国側の対応がきわめて丁重で、「逆に敗戦の実感を自ら確認させられた」という。

㈡八月二十八日、はじめて総司令官岡村寧次大将が今井、小笠原両参謀とともに中国側代表団を訪問した。

席上、岡村総司令官は、蒙彊張家口正面に対するソ連軍の不法攻撃に対して、中国側で善処されるよう、要望した。

このほか中国側の正規軍にあらざる雑軍の日本軍に対する行動を説明、国民党軍が速やかに華北蒙彊地区へ駐留するよう要請した。

㈢八月三十一日、岡村総司令官は再度、冷中将を訪問、日本軍官民滞在中の食糧確保、わが軍の武装解除後に発生が予想される紛争にかんがみ、自衛のための小火器使用について理解ある措置を要望した。

㈣九月九日、岡村総司令官は、ミズーリ艦上における日本政府の降伏受諾の調印にともない、香港を除く全中国駐屯の陸海軍部隊、フランス領インドシナ、北緯十七度線以北(現ベトナム)および台湾軍に対し、蔣介石主席代理何応欽上将に投降するよう命令し、みずからも投降した。

㈤九月十日、中国側、何応欽上将、蕭毅粛中将、鈕先銘少将、陳昭凱少校。アメリカ軍側、マックレー少将。日本側、岡村大将、今井少将、小笠原中佐と木村通訳が顔をそろえ、最後のツメを行なった。

その大要はつぎの通りであった。

(1) 百数十万人の軍隊と、数十万人の一般居留民の生命の安全を守るのは日本側の責任とする。

(2) 必要な食糧の確保について中国側で善処する。

(3) 在華日本人軍官民を速やかに日本国に帰還をさせるための船舶確保について中国、アメリカで善処する。

第五章　人間の価値

以徳報怨の心情

南京総軍司令官岡村寧次大将は、中国国民政府と接触し、武装解除、日本軍官民の本国送還などについて要望していたが、その結果について岡村総司令官から根本将軍に対し、つぎのような通達があった。

日本軍の武装解除を担当する中国側の責任者は、チャハル綏遠省・傅《ふ》作義。山西省・閻錫山。河北省・孫連仲。河南省・胡宗南。山東省・李延年。

セカセカと気ぜわしくスケジュールに振りまわされている日本人と異なり、中国人は大陸的なマンマンデー。河北省担当の孫連仲が、いつひょっこりと北京にあらわれるかわからない。根本は九月中旬、ある日の夕方、郊外の清河鎮から北京の司令部に帰ると、参謀長から、「孫連仲長官の副参謀長である呂文鼎中将が、本日、北京南苑飛行場に到着するという通知をうけたので出迎えました。北京飯店に投宿してもらい、明朝九時に、司令官と会見する約束をしておきました」

という報告があった。

いよいよ待望のときが来た。これで手がかりがつかめるのだ。

いままで幕僚とあれこれ検討し、議論を重ねてきたが、それは身内の議論で中国側の態度を仮定してのものであった。いわゆる一人角力である。

これでまず、暗夜にロウソクを拾ったときのように安堵の胸をなでおろした。

根本の偽らぬ心境である。

それにしても関東軍将兵および引揚邦人と物凄い相違である。九月中旬となれば、ほとんどの関東軍将兵はシベリヤに送られ、かつて経験したことのない極限の生活を強いられていた。

七、八月の酷暑が終わり、秋がなくて冬である。九月になれば白いものが舞いはじめ、ところによって違うけれど、寒暖計は零下三十度から五十五度を記録する。温暖な春夏秋冬の四季になれた日本人にとって、シベリヤの寒さは骨まで刺すように恐ろしいものだ。

それだけなら我慢もしようが、口に入れるものがなんとも頼りない。石油臭い黒パン少々か、コーリャンがゆが腹三分目。食い終わるともう空腹だ。

ラボータ（作業）もきつい。当初は原生林の伐採か鉄道工事だったが、生まれてはじめて手にする大ノコギリやハンマーはなじめない。

厳しいノルマを果たすためには夜の八時、九時まで雪の中を這わねばならぬ。それでもノルマを消化できなければ食糧の給与はない。

隣り近所から融通のきく日本とちがって、シベリヤのラーゲリでは貸し借りは絶無だ。みんな同じ極貧生活だから、隣りの人間が腹をすかしてぶっ倒れても、どうすることもできない。

一方、民間人の引き揚げも目をおおう惨状であった。一家を背負うべき男は「根こそぎ動員」で召集され、残された婦人が子供をつれて逃避行。北朝鮮までたどり着いたが足止めを食い、大人は農家で働き、手間賃代わりの残飯をもらって飢えをしのぐ。だが、「着たきり雀」である。汚れたものを着ているのでシラミが発生。それがもとで発疹チフスとなり、生命を落とす者が相ついだ。

シベリヤ抑留も引き揚げも生命を賭ける惨状だったが、中国ではようやく武装解除をしようというのだから、いかにも中国らしい。

根本将軍は指定された通り午前九時、参謀長、各部長、通訳をつれて北京飯店に呂副参謀長を訪問した。

時間の約束をしてあるのに一時間も待たされた。約束を実行しないというのは、なんらかの意図がかくされているのか、あるいは中国式のんびりムードなのか、さっぱりわからない。

いらいらしながら待っていたら、かっきり一時間後、ようやく案内されて部屋に入ると、正面に青天白日旗と青天白日満地紅旗が交差して掲げられ、その交差の上に孫文の額入り写真があった。

大テーブルの中央に呂副参謀長が威儀を正して着席、その左右に隊員が座っていた。

根本将軍一行は、入口に近い椅子に座るようすすめられた。

やおらポーズをつけて立ち上がった呂中将は、重々しく自分と随員を紹介した後、

「孫連仲長官の代理として先発、日本軍の武装解除と諸施設の接収の任務を帯びている」

と述べた。その説明の途中でも、彼は伏線を張り、主旨の回りを堂々めぐりするなど、じりじりするような点もあるので、根本は、

「この男、多分に芝居っけがあるな」

と感じつつ、自己紹介と参謀長らを紹介し、つづいて、

「武装解除と諸施設接収に関して中国側の指示あり次第、ただちに実行し得る」

と答えた。呂中将は、

「中国政府は、戦区内の日本軍占領地域にある日本の外交機関の存在は認めない。したがって一般居留民も軍の付属人員とみなしている。今後は軍司令官を日本側の責任者として対処する方針である。

南京の岡村総司令官は中国における総連絡官に、根本司令官は華北地区の連絡官に任命されるはずであるから、今後は孫長官の命令と、総連絡官の指示にしたがって華北における日本側の全責任者として行動されたい。

国民党軍は、明日以降、空輸で南苑飛行場に到着する。また不測の事態発生にそなえて、

アメリカ軍が天津塘沽付近に上陸する予定。しかし、それらは日本軍の武装解除、接収には関係ない。

このほか孫連仲軍の主力と胡宗南軍の一部が、平漢線鉄道に沿って北上する予定である」むねの説明をおこなった。

根本は、参謀部作成の日本軍布陣の状態図を提出、説明をくわえた。

これに対し呂中将は、

「日本軍の陣容、態勢は現在のままでよろしい。今後とも大都市と交通、通信線を中共軍その他により破壊されざるよう厳重に警戒せよ」

と要望した。

最初の演出過剰の重苦しい空気は消えて、和気あいあいのうちに会議は終了した。

日本側にとっては喜ぶべき状態である。これで将兵の心の中に根を張っている敗戦の屈辱感がわずかでも薄らぐかも知れぬ。そして居留民の安全も保障されるわけだ。

根本が司令部にもどると、北京大学学長の何其鞏が応接室で待っている、と告げられた。

彼は根本が北京に駐在していた昭和八、九年ごろ、華北政務委員会委員長黄郛の片腕となって、活躍した人物である。

そして、日華事変が本格化しそうになった昭和十二（一九三七）年秋、事変処理のため根本が北京に行き、王克敏政権を擁立し、入閣を勧めたのだが、彼は腰をあげなかった。

そうした経緯があったけれど、交友関係はずっとつづいている。急いで応接室に入ると、彼は待ちかねていたらしく、握手をしたまましゃべり出した。

「オレは蔣介石の代理なんだ。今日は民国二十三年からの真相を話す。黄郛が南京に帰り、何応欽が日本軍のために北京を退去させられた後、日本は馮玉祥の旧部下である宋哲元を北京に迎え、冀察政権をつくった。

このとき、蔣介石は宋と同じ系統のオレに宋を監視させていたが、蘆溝橋事件で、宋が北京を追い出されてからは、オレが蔣介石の代表に任命されて北京に残っていた。

君が民国二十六年の暮れ、王克敏政府に入閣するよう勧めてくれたが、君の友情を感謝しつつも入閣しなかったのはこのためである。どうだ。八年たったいま、オレが入閣しなかったわけがわかっただろう」

と豪快に笑いながら、まだ握っていた手に力をこめた。

根本はあのとき、

「おれがよかれと思って勧めたのに……、仕方のないやつじゃ」

と内心、いささかおだやかならぬものがあった。しかし、謎が解けてみると、己れの不明を恥じるのみ。

「そうだったのか……」

それだけをやっと答えた。しかし、彼は浮世の些事は意に介さぬというようすで、話をつづけた。

「前ぶれもせず突然、君を訪ねたのは、先ほど北京飯店で呂文鼎が君に大変失礼をしたと聞いたので急いで駆けつけたのだ。

オレが華北に来て八年間、苦労をしてきたのは、これからの中日両国の将来を思っているからである。中国の勝利に目がくらんだ軍人どもが勝手なことをしては、それこそ中日両国の将来のため禍根を残すことになると思う。それではいままでオレがなめてきた苦労が水泡に帰すというものだ。

昔、オレが馮玉祥の秘書をやっていたころ、馮の親衛隊営長をやっていた孫連仲が、相当な地位に登り、勲功も湯恩伯か、孫かと言われるほどになったので、河北、山東の二省を第十二戦区とし、孫連仲をそこの長官に任命してもらった。そこでその孫を指導して、今後の処理をうまくやってゆくつもりだったのに、呂文鼎というやつが出て来て、君に失礼な振舞いをしたと聞いたので、大いに憤慨して駆けつけたのだ。

大体、呂文鼎という男は、張学良の部下だったが、西安事件以来、蔣介石について、その侍従武官になり、今回、孫連仲長官に任命されて、華北の接収をやることになったんだ。前に満州にいたため日本人を知っているという触れ込みで、孫連仲の副参謀長を買って出たが、多少、生意気な上に、張学良の恨みを晴らしてやるという気もあって、大切な君に対してあんな不遜な振舞いに出たのであろう。要は年少客気のなせる業だ。許してやってくれ。

今晩、いっしょに夕食をやろうと招いてあるから、君もいっしょにやってくれ。場所は私の家だ。そのときシカと言ってきかすつもりだ。いいね。午後六時に来てくれ。今日、ここへ来たのは君と呂文鼎を握手させる目的なんだ」

と言う。

根本は、考えるところがあって、終戦以来、一切の招宴を断わっているため、今晩、何学長の夕食会に行ったことは秘密にして欲しいと頼むとともに、呂文鼎に対しても、別に気を悪くしていないのであまり叱らないで欲しいと要望した。

何学長は大きな身体で立ち上がるとともに、スコップのように大きい手をまた出して、根本の手を痛いほど握りしめ、

「ひさし振りだ。今夜は大いに飲もう」

と、ご機嫌で帰っていった。

根本が懐かしく思い起こすのは、昭和八（一九三三）年のあのことだ。じつにたわいないことだけれど、いつまでも忘れられない。

この何と根本が、日中の酒豪くらべをやろうということになった。たかが酒の飲みくらべだが、日中両国の戦いとなったら話は別だ。

根本がフンドシを締めなおしてかかったせいか、第一回戦は根本の勝利であった。ところが、第二回戦はタカをくくっていたせいか、何に負けてしまった。

いよいよ決勝戦の三回目。居並ぶ応援団を前に、紹興酒でやっていたが、この酒はアルコールの含有量が少ないため、腹だけふくれていっこうに酔いが回ってこない。時間がかかってまどろっこしいだけだ。

そこで日本酒をあおることにした。根本にとってはなじみの酒で、気分的にも大いに楽で

ある。何はコップ酒の調子がわからず、ついにギブアップ。

それ以来、根本は〝酒の大総統〟と称され、何は〝酒の国務総理〟とよばれるようになり、宴席では、いつも根本が何の兄貴分とされたのである。なんとも忘れがたい思い出だ。

さて、何邸における三者会談は、盃を傾けながら行なわれ、何は呂文鼎に対し、

「将来の中日関係を、いままでのドイツとフランスのような関係に追いこんだら東亜は破滅に陥る。

蔣介石総統の〝以徳報怨〟の宣言は、決して外交的かけ引きではないこと。

民国二十二年の塘沽停戦協定を提案し、それを成立させた実質的実力者は、中国側、黄郛、日本側では根本であったこと。（当時の根本は陸軍中佐であった）

民国二十六年、華北に王克敏政権を樹立したのも根本（当時大佐）である。これは満州のごとく、軍政を布いて日本の軍人と官吏が直接行政を実施したのでは、中国の実情にそぐわず、逆に悪政となることを懸念して、行政に関しては中国人にやらせようという善意からの発想である。したがって、軍事と行政の分離は、国民政府に対抗しようという目的ではなかった。

それが証拠に、日本軍の代行機関として、その名を〝臨時政府〟と命名したことでも明瞭である。そのとき根本は、華北は満州と違うから日系官吏はおかない、と断言、その方針を堅持した。日本政府および軍から〝王政権に対する指導は手ぬるい〟と非難されたくらいである。

これらの事実を通じて言えることは、根本は中日友好、アジアの将来などを考慮したものであり、彼の人格は中国人が信じるに足るものと断言してはばからない。彼の人格を信じて、必要最少限度の要求にとどめ、一切の処理を根本氏にまかせることが、わが中国側としては得策である」

とくり返し説明していた。

根本は、「望外な賛辞と激励に応えねばならぬ」と身の引きしまる思いでもあった。

「駟《し》も舌におよばず」という中国の諺がある。四頭出ての馬車よりも、人の口から口に伝わる方が速い。つまり口コミの方が迅速である、という意であるが、根本将軍、呂文鼎の初会談が一時間後には早くも何の耳に入り、二時間の会議を終えて司令部にもどれば、もう何が待ち受けているという鮮やかな行動にはなんともいう言葉もない。

中国人の行動は一般に「マンマンデー」と思われている。あわてず、あせらず、というのが中国人の代名詞のごとく思われているが、じつは〝ここ一番〟という場合に臨み、その急所のおさえ方は世界一速いのではないか。

ある日本人が、「それは呂の芝居だ」と言って来たが、それは、せんさく好きな日本人の見方である。

ところで、根本はこのとき、重大な事件について相談したところ、呂はこころよく承知して善後策を講じてくれた。いつまでもその恩義を根本は忘れない。

重大な事件というのは、終戦まで日本と運命をともにしてくれた二人の亡命者の身柄を根本がかくまっていたことである。蒙彊政府主席の徳王と蒙彊軍総司令官李守信である。亡命といえば戸籍を脱して逃亡すること、他国へ逃亡することである。われわれ日本人の意識にあるのは他国へ逃亡することで、自国内で亡命というのは、おかしい表現だが、中国は当時、中共軍をはじめ雑軍が跋扈していた。しかもそれらの占領地は、それぞれ一国のような様相を呈していた。だから国内でも亡命などと言っていたのである。

根本は徳王と李守信に対し、それまでにも、

「蒋介石という人は相当理解があるようだから、二人は逃げかくれせず、むしろ進んで重慶へ行き、自分の心境を直接打ち明けて、蒋介石の意向にまかせることが上策ではないか」

と勧告したことが再三あった。だから何と会談のさい、徳王、李守信の身の振り方について相談したところ、何は善処を約束してくれた。

徳王ら二人は国民党の用意した飛行機で重慶へ飛んだ。そして、このときから少し間をおいて蒋介石の裁断が下った。

その内容は、徳王は別段差し支えなし、李守信は改めて国民党軍第十三路軍総司令に任命されて、蒙古軍を統率すること、となったのである。

まさに「沈む瀬あれば浮かぶ瀬あり」で、二人は「地獄で仏に会ったよう」な気分らしく、欣然として北京飛行場に舞い降りた。

ところで、同じ南京政府の陳公博主席が戦後、日本に亡命したが、後に国民政府の要求により、日本進駐のアメリカ軍に逮捕され南京に送られた。その後まもなく国民政府の戦犯と

して処刑された。これにくらべると、徳王と李守信は、根本将軍の口添えがあって前記のような破格の取り扱いを受けたのである。

この事件は根本将軍と国民党との古い絆を物語るものであり、日本人間では「根本のシナかぶれ」と酷評したが、これであるゆえにこそ軍官民はぶじ、日本に引き揚げることができたわけだ。

何と会談したつぎの日から連日、南苑飛行場に到着する中国高官の宿舎設営に追われた。日本軍人が中国人の宿を準備するなど想像もしなかったことだが、これも〝時世時節〟である。「遠きに行くはかならず近きよりす」といわれている。事を行なうには、それ相当の手順があってそれにしたがわなければならないのである。

そんな雑用をこなしているうち、戦区長官孫連仲上将につづいて、大本営駐北京行営主任という、なにやらむずかしい資格の一級上将李宗仁らが北京に到着。根本は彼らを飛行場に出迎え、ともにその司令部を訪問した。

孫連仲とは、それまで特別な間柄ではなかったが、李宗仁とは十年にわたる旧知の仲である。

それからしばしば親交をあたためたが、あるとき、日華事変中の妥協工作について論議に花を咲かせた。李宗仁は、

「民国三十年（昭和十六年）の夏の末ごろだったと思う。和知少将が、日本は中国から無条件撤兵の用意がある。なんとか事変を片づけたい、と言って来た。私はこれが日本の本音と

受け取った。

そのころ日米の国交はきわめて緊張しており、日本が本当にアメリカに対して戦争を辞さない、というなら、まず中国と和すべきだと思う。

日本がアメリカと戦う以上、イギリス、ソ連も敵にまわすのである。中国と交戦していて右手を中国に奪われながら、左手だけでアメリカ、イギリス、ソ連などの列強を相手に戦争をするという無茶なことを、賢明な日本の統帥部はしないであろう。

他の新しい敵と戦いをはじめる前には、かならずそれまでの敵とは和解するのが常道である。和知少将の申し入れは、絶対に日本の本音であるからして応じた方がいいと私は主張した。

だが、諸般の事情があるので、簡単には話がまとまらず、そのうちに日本がハワイの真珠湾攻撃を行ない、これを機に交渉は残念ながら打ち切りとなった。それで中国としては勝利の確信が生まれ、その後の戦局に一喜一憂するような愚をしなくなった。

戦争というものは、敵がいくつあっても、その敵同士の団結を不可能にして、その一つ一つを孤立させ、各個に撃破するのが原則である。貴君は先刻ご承知のはずで、釈迦に説法のそしりをまぬがれ得ないが、戦術だって複数の敵軍を合流させずに、各個撃破するのがナポレオン以来の原則であるにもかかわらず、日本の指導者がなんであんなバカバカしい戦争をやったのか、いくら考えてもわからない」

李宗仁の右のような言葉をうけて、根本は、

「反論するつもりはないが、これは日本にとどく情報に原因があった。日本政府にくる情報では、すべてドイツはもうすぐ勝ち、ソ連は手もなく屈服する。ソ連が負ければイギリスはもちろん、アメリカも戦争を断念して講和を申し入れてくるは必定。いままで日本は日中戦争を口実にしてドイツに協力せず、ドイツの苦闘を傍観してきたので、勝利による分配など日本にあたえる必要はない、というドイツ人が多いと聞いていた。

東條内閣は、戦争が当然、ドイツの勝利で終わるものと考え、ソ連の負ける前に参戦しておきたかった。

安っぽい判断で、バスに乗りおくれるなとばかり、安易に参戦し、国家の存亡にまで発展するとは考えなかったのであろう。どうみても残念至極だ。なんとしても悔やまれてならない」

と答えた。李は腕組みしてしばし考えているらしかったが、

「中国国民としては、中国が負けて日本に侵略されることは絶対にあってはならない。しかし、中国が勝ち、日本が救いようのない状態になっても困るのだ。そうなれば東亜の将来も楽観できない。

中国に〝孤掌難鳴〟という諺がある。一つの掌では拍手ができない。したがって音も出ない、というわけだ。

八年にわたる長期戦、くわうるに中共という重症を抱えている中国が、一本立ちで東亜を

支えてゆくのは至難の業だ。

中国に対し侵略をあえて行なった日本に対して中国民は当然、憎悪と怨念を持っている。しかし、東亜の強い支柱である日本に対しては心ひそかに畏敬の念を持っていた。それは偽らざる両極の感情である。

私個人としては、日本が一刻も早く復興して、今度こそ文字通り中日合作を成功させ、世界の流れにのり出す日の来ることを期待する」

という主旨の話があった。

終戦直後から蔣介石が主張してきた「以徳報怨」の宣言をはじめとして、現地で接触して知った中国有識者の心情は、李とみな同様であった。

そこに一貫して流れる思想は、「いまこそ中日両国がたがいに対等の立場で提携する時機が来たのだ。永年の宿願であった国父孫中山の大アジア主義が実現されるのはこれからである」というものであった。

孫連仲長官とはそれまで親しい間柄ではなかったが、何其鞏らの口添えがあって、交渉は円滑にはこんでいった。

根本将軍は、

「これから日本軍が使う被服と食糧は、本来ならば、中国軍にそのすべてを引き渡した上で、あらためて必要なものの供給をうけるべきである。しかしながら、中国人と日本人では、同様に米食といっても、材料、調理など食生活の差は大きい。だから原則通りに実行しては、かえって余計な手数をかけ、また紛争の原因にもなりかねない。そこで日本が現在保有している衣服、食糧のつづく限り自給、自活させてくれたら好都合でありがたい。

その代わり、それを濫費したり、横流しのような不正行為は断じて行なわないように配慮する。そして私の責任において厳重に監督し、もし帰国のさい、あまったら全部、中国軍に譲渡する。ただし不足を生じた場合は、ご迷惑でも補給していただきたい」

と申し出たところ、こころよく承諾してくれた。そのうえ日本軍と在留邦人の帰国に関する輸送計画まで、根本に一任してくれた。

アメリカ軍の威光

アメリカ軍が天津の外港塘沽に上陸した。降って湧いたようなアメリカ軍は、抵抗しない日本軍の武器を取り上げはじめた。

根本はこれに関し、ただちに中国側に報告し、兵器について日本軍としては手の打ちようがないので、中国側からアメリカ軍に交渉して欲しい、と申し入れた。中国側も、

「アメリカ軍は、日本軍の武装解除はやらない、という協定にもかかわらず、下級部隊長が日本軍に対する恐怖心から勝手なことをするので困る」

と不満の色をかくさない。

日本軍の真珠湾攻撃、沖縄戦、南方戦線における肉弾突撃など、日本軍の生命知らずとも

みられる敢闘精神を知っている下級部隊は、危険な武器の徴収をはじめたのである。

つぎつぎに上陸して来るアメリカ軍は、沖縄戦の体験者だけに、中国軍とちがい、予告なしに要求を突きつけて来て、日本軍の説明などいっさい聞こうとしない。放置すれば、いかなる大事に発展するか予測もつかない状態となった。

そこで根本は、幕僚たちと相談して参謀副長を長とする渉外部をつくり、欧米駐在の経験ある大使館員、横浜正金銀行の行員、それに一般在留邦人の中から英語に達者な人物を部員として迎え、もっぱらアメリカ軍との折衝に当たってもらった。

塘沽に上陸したアメリカ軍は気が荒く、反日感情も強かった。

その主力は、天津塘沽郊外に駐屯して、准将の率いる半個師団程度の部隊が北京に入城して来ることになった。

この部隊のために、中国軍と相談の上、交民巷内の旧アメリカ大使館とその兵営、日本軍兵営、旧ドイツ、イタリーの大使館とその兵営などを清掃、宿舎として提供した。

その先遣隊を指揮してきたアメリカの大佐は、立ち会った日本軍担当者に対し、

「日本人の顔など見るも嫌だ。早く日本に帰してしまえ」

と叫んだそうである。

天津地区警備司令官内田中将は、沖縄から進駐してきたアメリカ軍団長を表敬訪問したさい、ひどい悪口を浴びせられたため、終戦以来の心労が重なって、ついに寝込んでしまった。

一方、北京では、まだ、武装した日本軍が市内の警備にあたっていた。そこにアメリカ兵

が来て日本兵の武器を取り上げようとして争いになっては危険である。そこで、北京市内の警備を中国軍と交代してもらった。

港に近い天津では、アメリカ軍が急いで日本軍の武装を解除したため、中共軍が天津浦口間の交通を遮断したが、それを開通させる力が自軍にないことを知ったらしく、天津から満州に通ずる山海関までに駐屯する日本軍には手を出さなかった。

十月十日は、双十節といって中国では古くから祝賀されてきた秋の祭日があるが、この日を選んで北京の紫禁城内の大和殿において日本軍の降伏式が行なわれた。

きわめて恥ずかしい役まわりであるが、立場上、根本は、勝者を代表する孫連仲上将の前に呼び出されて、

「今後、国民党政府の命令に服従します」

という誓約書みたいな文書に署名させられ、投降の証として腰から軍刀をはずして孫上将に手渡すよう要請された。満州にくらべたら、ずいぶんおくれてはいるものの、軍人が丸腰になるというのはなんとも頼りないし、屈辱感がじわじわと湧いてくる。

降伏式なるものはすでにすませている。九月九日、南京において日本軍総司令官岡村大将と中国軍総司令何応欽一級上将との間で行なわれているので、軍司令官は行なう必要なしとの通知をとどけられていた。

にもかかわらず「命令受領」という名目で、南京の降伏式と同じお芝居をやらされて、それを映画にして中国国民に見せられた。

アメリカ軍に煽動されて呂文鼎がのぼせ上がり、芝居をうったものか、あるいはまた呂文鼎がやりたいのでアメリカ軍を仲間に引き入れたのか、いずれかであろう。アメリカの将校が大勢参加してカメラを向けたり、映写機をまわし、「敗軍の将」根本将軍を大写しにしていた。

口惜しさが根本の顔に出ていたのか、中国側責任者である戦区司令の孫連仲は、いかにも気の毒といった表情で終始、横を向いていた。一度も根本将軍を正視しないのである。また、華北の最高責任者である大本営駐北京行営主任である李宗仁は、この式に参加しなかった。いまさら形式的な式を行なって日本人を苦しめることはないという同情の現われかも知れない。〝心〟を大切にする李宗仁にはありそうなことだ。

かくのごとく戦勝に酔いしれたアメリカ軍の狂態は、中国のいたるところで見うけられ、やがて中国側の反感がつもりつもって、その揚句、中国全土からアメリカ軍の撤退を要求されるという不測の事態を招くことになったのである。

真珠湾から沖縄までの恨みがある、といえば、無理からぬことかも知れないが、その報復をアメリカ本土か日本国内で行なうならまだしも、中国内で、しかもことあるごとに中国人まで巻き添えにしたのである。

アメリカ軍と国民党軍がしっかり手を握っていれば、中共軍の出る幕はなかったのに、アメリカ軍と国民党軍の仲が冷たくなってしまったため、中共軍と国民党軍の比重が逆転、やがて中国大陸で国民党軍の全面敗退を招いたのであるが、このことにより第一線将兵の心なき言動が、大きく歴史の歯車を変えることを、根本はいやというほど知らされた思いだった。

その代表的な天津地区で、アメリカ軍は、軍事基地の荷役や道路工事の雑役に日本兵を驚くほど集め、それを監督するアメリカ軍の優秀さを中国人に見せつけようとしていた。

軍人というものは、軍装をととのえ、武器を所持してこそサマになるものだが、敗軍の将兵はそのいずれにも欠け、そして精神的にも落ちこんでいるから、それが表情に出てくる。勝利に酔うアメリカ軍の威光とは比較にならぬのは当然。その優劣を中国人に見せつけ、アメリカ軍の威光を誇示するのである。

駆け込み参戦で、関東軍将兵を「ダワイ・ダワイ」と酷使したソ連軍と形の上では酷似していた。

蔣介石と同様、「以徳報怨」を固く信じ、東亜和平のため中日両国が手を握ろうと思っている孫連仲は、日本兵の使役を決して要求してこなかった。

ある日、アメリカ軍将校が北京の日本軍司令部に来て、部屋に敷いてあるジュウタンを見て、アメリカ軍によこせ、と強引に食いさがった。根本は、

「日本軍の所有物は、ことごとく中国軍に引き渡すことになっているのだから、欲しければアメリカ軍が中国軍に交渉したらよかろう」

と突っぱねた。

それから数日後、アメリカ軍の指揮官名で、

「日本居留民が、個人的に所有しているジュウタンを、アメリカ軍に譲渡するよう斡旋して

欲しい。ジュウタン十枚につき牛肉一トンを日本軍に引き渡す」

との申し入れがあった。

このようにスジを通して頼まれれば、断わる理由もない。さっそく渉外部に命じて、高級将校や軍関係の個人宿舎にあるジュウタンを集めたところ五十枚に達した。それをすべてアメリカ軍にとどけたら約束通り、牛缶五トンをわたしてくれた。

もうジュウタンなんか、どうでもいい敗軍将校の暮らしだった。それよりも牛肉の方がありがたいのである。もうずっとうまいものを食べていなかった。

おそらく、孫連仲の命令で、部下たちがアメリカ軍に談判してくれたのではないか。そうでなければ、あの尊大ぶったアメリカ軍が、代償などよこすはずはない、と根本には思えた。

牛肉の話が出たついでに日本酒の話を書いてみよう。

北京在住の日本人で、日本酒を造っていた人があった。うまい酒がゴマンとある中国で、わざわざ日本酒を造るというのも妙な話だが、おそらく在留邦人向けに造っていたものであろう、その御仁が酒蔵にある日本酒全部を軍に寄贈したい、との申し出があった。

根本は、その好意を喜んで受けることにし、トラック一台を派遣したが、とても一台や二台では運び切れない量とわかって、輸送隊一隊に出動を命じた。

輸送終了と同時に計算させたところ、一升瓶でなんと二万五千本。石になおしたら二百五十石である。

日本軍の貨物廠には補給用の清酒があり、また太平洋戦争開始とともに天津の英、仏両租界から押収したという洋酒類もまだ相当残っている。そのうえ、それだけの日本酒をもらったのだから鷹揚になって、渉外部に命じ、アメリカ軍と中国軍に、

「日本酒の寄贈があったので、貴軍にもおすそ分けしたい。御意向は……」

と申し入れた。

さてその回答であるが、中国軍からは、

「中国軍は酒を飲まない。好意は深謝する」

という返事だったが、アメリカ軍からは、

「ぜひもらいたい」

という回答があったため、アメリカ兵一人一本の計算で三千本を送りとどけた。

それから半月ほどして渉外部にアメリカ軍の将校が遊びに来て、

「日本酒をはじめて飲んだがうまかった。白ブドウ酒に似ている。ほんとにうまい」

とほめるので、さらに五千本をとどけると、返礼として牛缶、バターなどがとどけられた。

アメリカ軍と顔を合わせてからしばらくたったのと、あたかも一般人のような贈答品のやりとりがあったりして、日本軍人の感情も鎮静し、アメリカ将校が日本の軍司令部にも遊びに来るようになった。冬に入ると、根本が宿舎の庭につくったスケート場で遊び、夜になると宿舎にあがってウイスキーを飲みながら、トランプ遊びをするまでになった。

彼らが沖縄や南の戦場から北京に乗りこんで来た二ヵ月前とは、まるで別人のように変わったが、そうなるまでの渉外部長渡辺少将、横浜正金銀行の加納、二宮たちの苦労は大変で

あった。

それからしばらくたって、根本に中国の友人がつぎのような話をしてくれた。アメリカの憲兵将校が、酔っ払ったアメリカ兵に説教しているのを、その中国人が聞いたそうだ。

「お前らは勝利に奢《おご》り、そんな醜態を演じているが、あの日本人を見ろ。あの人たちは北京に来て数十年、短くても数年は苦労して財産を築いたんだ。

軍隊が戦争に負けたというだけで、民間人のあの人たちの汗と涙の結晶である財産を奪われ、リュック一つで本国に追い帰されるんだ。それにもかかわらず、彼らは泣きわめくこともせず、整然と隊列を組んで住みなれた北京の地を去って行くではないか。

恐ろしいのはこの人たちだ。お前たちのように毎日毎晩、酒をくらって酔っ払っていると、そのうちこの人たちに征服されてしまうぞ。

なるほど日本人は戦争には負けたが、女性や子供までが黙々と日本に引き揚げていく姿は、さすがに大国民だ。敬服する。

その人たちがじっと怨念をこらえて日本を再建してみろ。そのときこそ世界の脅威となろう。いいか、お前たちも勝利に奢ることなく、この人たちを直視するんだ。悲しみにじっと耐えている。それがつもりつもって爆発したときが恐ろしい」

と涙を浮かべ、日本人をほめたたえていたという。

ところで欧米人は、太平洋戦争開始とともに日本軍占領地の収容所に収容され、その私有

財産は日本軍に管理されたが、日本が降伏して軍が収容所を解放し、管理を解くと、それらの人々は毎日、軍司令部に殺到し、

「謝れ、損害を補償しろ」

とわめき、応対の渉外部員を吊るし上げていた。しかし、前記のように両国間の感情が鎮静するにつれ、彼らも次第に落ちついてきた。

北京はこうして二ヵ月あまりで平静をとりもどしたが、天津の方はどうしたわけか、アメリカ軍の態度が進駐して来たころとすこしも変わらず、事故が続発するので、軍司令部幕僚と他の責任者を天津に派遣した。

アメリカ軍が華北に進駐したことは、ソ連軍が長城以南に進出することをふせぐ効果はあったものの、アメリカ軍による日本軍の武装解除が早すぎたため、国民党軍に引き渡される予定であった華北地区が共産軍に占領されるという不幸を招いてしまった。

そのため日本人の本国送還などに対する中国軍の力を無視することが不可能となり、その揚句、アメリカ軍、国民党軍、中共軍の三者から代表を出し、北京に三人委員会を設置しなければ仕事ができなくなって、中共軍の勢力を拡大する結果となった。

勝者と敗者

陸海軍総司令一級上将何応欽が北京に到着するという通告をうけた。

根本は何とは日華事変前から面識があるだけでなく、昭和八年の夏から翌年春までの塘沽《タンクウ》

停戦協定の履行に関する紛争や、意見調整のために、幾度か北京中南海の居仁堂で協議したり、検討をかさねた仲である。

だが、いまは敗者の身である。辞を低くして出迎えようと、根本は南苑飛行場に車を走らせた。

車が南苑に近づくと、中国側の要人の車が反対方向から走って来る。

もう何応欽司令はすでに到着したのかと思い、車を停めて外に出ると、中国側の車が一台停まり、一人の少将が根本の方へ歩き出した。

「日本軍の司令官じゃないですか」

じつにきれいな日本語で問いかけてくる。

「そうです。日本軍司令官の根本中将です」

「何総司令のお出迎えですか」

「私はこういう者です」

ほれぼれするような日本語でそう言いながら差し出した名刺を見ると、陸海空軍総司令部第二庁庁長陸軍少将鈕先銘と印刷してあった。

根本も名刺を出すと、

「前に一度、北京でお会いしたことがあります。多分、根本さんではないかと思って車を停めてみました。何応欽総司令の飛行機は、都合によって北京飛行場に到着したので、もう居仁堂についているかも知れません。ご面会の時間は、私が総司令にうかがってから通知いたします」

と面会の手順を、至極テキパキと指示してくれる。

「失礼ですが、鈕傳善さんをご存知ありませんか？」

根本が聞くと、

「それは私の父です」

と笑いながら答え、そして車に引き返していった。

根本が総司令部に引き返して待っていると、夕方になって鈕少将から電話で、

「何総司令は、明日午後三時からお会いすると申していますので、三時すこし前に居仁堂に来て下さい」

という連絡があった。

翌日、参謀長高橋中将をともなって午後二時五十分、居仁堂に到着すると、待ちうけていたように鈕少将が姿をあらわし、

「何総司令はすでにお待ちかねです」

と言い、根本将軍らを案内する。

何総司令はわざわざ入口まで出て来て、

「ヤア」と言って右手を差し出す。

まるで幼なじみがひさし振りに街角で会ったようである。懐かしさがこもっていた。

すすめてくれた席につき、根本がタバコを取り出すと、ライターで火をつけてくれた。戦

争に負けたのは、どちらだったかな、などと考えてしまう。

「君はちっとも変わってない。いつまでも若いな」

何がまず語りかけてきた。

「いや、いや、とんでもありません。ずいぶん苦労したせいか、頭には白いものも出てきました。今日、敗軍の将として、ここでふたたびお目にかかれるとは思ってもみませんでした。まことに面目ない次第で……」

根本将軍の目がうるんでいる。日本がこんなぶざまな負け方をするなんて、だれも考えてはいなかった。

真相を承知していたのは大本営の上層部だけではなかったか。

何は右手に力を込めて左右に振り、

「いや、いや、……。おたがい軍人をやっていれば、時に敗軍の将となることもあり、また勝軍《かちいくさ》の将となることもあるよ。勝敗は時の運だ。それより私は、勇敢な日本軍、その戦力の強大なことに感服している。敗戦は決して戦った将兵の責任ではなくて、背後にある国の政策問題だよ」

と言い終わると、何は小声で鈕少将に耳打ちし、鈕少将は部屋を出て行った。

「日本の天皇は、すでにポツダム宣言を受けいれ、無条件降伏を申し出て戦争は終了しているのに、君の部下の軍隊は今日なお武器をとり、日夜、中共軍との戦闘をつづけ、死傷をかえりみず中国の都市と主要交通線を守備している。換言すれば、日本の利益とは関係のないことのために生命を捨てることは、たとえ命令であっても、いまでは至難ではないかと思われるのだが、君には何か特別な軍隊統率法でもあるのか?」

と秘伝、奥の手でもあったら伝授しろといわんばかりの口ぶりであった。

「そんな統率法や特効薬などありません。しいていえば、日本軍の伝統でしょうか……」

「中国の軍隊では、とてもあのようにはいかん」

と何は人心掌握のむずかしさを語り、それから終戦前後の各種話題におよんだ。

根本が駐蒙軍を張家口の線から、内長城線の八達嶺まで後退させたのは、傅作義軍の進出が遅れ、そのため日本軍がソ連軍の武装解除をうけるようになれば、その武器が共産軍に渡るのは必定、それを恐れたのである。

かつて国民政府が、満州問題処理より共産軍討伐を重視して、その本拠である延安まで攻め込んだときに蘆溝橋事件——日中戦争が起こり、それから八年におよぶ日中武力抗争となった。その結果、国民党政府の武力を弱化させ、逆に瀕死の共産党軍を復活させる結果となった。

いままた日本軍の武器を共産軍のこやしにさせてはならぬ。役に立つものは一銃一馬といえども、それを完全な姿で国民党軍に引き渡し、占領地に建設した各種施設も、最高の状態で国民政府に引き継ぐことが、過去八年にわたり、日本が中国にあたえた損害を償うための最低の行為であると根本は考え、このことを日本軍民に説明、督励している点を話した。

以上のような説明の中に蘆溝橋という名称が出たため、何は、

「蘆溝橋事件の真相は、果たしていかなるものか?」

という。そこで根本は、

「あのころ私は、北海道の旭川連隊長であった。したがって新聞報道によって知り得た程度である。その年の九月、華北に来て事件の真相を調べてみたが、諸説まちまちで、果たして、どれが本当かわからなかった」

と答えた。何は往時をしのぶかのような表情で聞いていたが、

「宋哲元の冀察政権は、日本の傀儡《かいらい》政権で、われわれは第二の満州国と思っていた。日本の傀儡である宋哲元軍と、日本軍との間に紛争が起こっても、国民政府にはなんの関係もない。同じ傀儡の満州国軍と日本軍がハルピンあたりで紛争を起こしたにしても、南京の国民政府の責任ではない。それと理論上まったく同じであるにもかかわらず、日本政府は蘆溝橋事件の責任を国民政府に問うてきたのだ。

日本が責任を問うべき当局者にあらざるところに、それを問うてきたのは、蘆溝橋事件の解決を求めているのではなく、全面的武力侵略を決意しており、同事件はその罪なる言いがかりのために起こしたにすぎない。弱い者いじめである。

すでに日本は全面的侵略をはじめたのだから、われわれは全面抗戦に出るよりほかに道はないと思って、私は主戦論を展開した」

という何の顔は、ひどく紅潮していた。

根本はうなずいたまま考えていた。

個人でも国家でも、それぞれの立場の相違によって利害が異なるため、その判断もおのずから違ってくる。

ところで、いままで日本のやり方は自分の主張だけに終始、相手の立場や判断に対する配慮が不足していた、と思われる。だから全面侵略など、考えてもいないのに、相手国にそう思わせてしまったのである。

根本は深く反省しながら話題を変え、

「日本はアメリカ軍に多数の船舶を沈められたため、手持ちの船はきわめてすくない。中国内にいる日本軍民をこれで送還するとなれば、二年半は充分かかる。その点をどう考えておられるか」

と問うてみた。生命の危害はないにしても、一日も早く送還したいのは軍民すべての願いである。

「わたしもその点が心配である。日本軍民の送還には、アメリカの援助を受けるか、またはアメリカの船を借りるほかに道はないと考え、現在アメリカと交渉をすすめている。もしこの交渉がまとまれば、今年の十一月ごろから送還をはじめて、半年ぐらいで終わると思っている。

わが中国に関しては心配は無用だが、しかし満州は、中国の戦区になっていないので、手の打ちようがない」

と説明され、根本の胸のつかえはどうやら解消された。しかし、白いものの舞うなか、満州の広野をさまよう日本の婦女子の姿が、いつまでも根本の瞼にちらついていた。

引きつづき何から、日本軍の現状について詳細な質問がなされたので、細部を参謀長が説明、配置要図と軍需品の目録などを何少将に渡して、公人としての中国軍総司令と、華北における日本軍指揮官としての会談を終えた。

公式会談が終われば、十一年前の旧友にカムバックする。たちまちにして和やかなムードにつつまれた。思えば昭和九（一九三四）年三月、北京で別れて以来、日中間には忌わしい事件がありすぎた。そして不幸にも、敵味方に分かれて戦った憎悪の感情も、まして勝者の誇り、敗者の悲しみも消えて楽しい一刻をすごした。

何は、日本軍民の現在の境遇に対し、深い同情を寄せ、根本将軍個人に対しても、まったく往時と変わらぬ友情を寄せ、仕事上での難点、日本内地に残している家族の安否まで尋ねた。

「終戦以来、日本からの通信は壮絶している。だから家族の安否はまるでわからない」

「日本に派遣している中国代表団を通じて調べさせよう……」

と何は言う。内地に家族を残している者は、みんな心配しているのに、自分一人だけが調べてもらうというのは、なんとも後ろめたい気はするが、せっかくの好意である。何少将に、東京郊外鶴川の住所を知らせた。

かつての敵である日本軍民に同情を寄せる、という広い胸のうちは、なんとも驚くほかはないが、ついでだからその広い心に甘えて、戦争犯罪人の処理について聞いてみようと思った。

根本自身としては、蒙彊華北方面の最高責任者であるから、戦争犯罪人として裁きを受けるのは当然、生命はないものと張家口以来、覚悟を決めていたのである。

幼年学校に入るときから、国家のため一朝事あらば生命を的に戦うつもりになっていた。いまさら〝落武者すすきの穂におそる〟のごとき臆病な真似は絶対にすまいと、己れの胸にも言い聞かせてあった。

戦いに負ければ、勇者でも自然と臆病になるものだ。戦争のみならず実生活もその通り。とんとん拍子に世の荒波を乗り越えてきた者は、困難を困難とせずに乗り越え突進してゆく勇気がある。しかし、失敗し、人生をしくじった者は勇気がなくなり、臆病になるものだ。右の警句こそ、自分にあたえられた戒めと根本は受け止め、いさぎよく裁きを受けようと心に決めてすでに遺書もしたためてある。

しかし、華北にいる百万に近い日本軍民は、なんとしても無傷で祖国に帰したい。これが一番の気がかりである。彼らがぶじに日本へ帰れるなら、自分の生命なんか惜しくはない。

戦犯の摘発となれば上級将校、官吏などもその摘発をまぬがれることは不可能となるかも知れぬ。しょせん避けては通れない問題であるから、話題にすべく根本将軍がそれを取り上げてみた。それに応えて何は、

「日本の戦争を指導した枢要な人々は、連合国全体の合同指定（A級）になる者だから、中国だけではどうすることもできない。

しかし、中国のみで指定するB級以下については、蔣介石閣下は戦犯者を一人も出さないと言われた。しかし、連合国側から、日本との交戦期間がもっとも長い中国で、戦犯該当者があまり少なくては困る、と言われて、いま悩んでいるところだ。

蔣閣下をはじめとして、われわれはすべて『以徳報怨』の精神である。それと他の連合国のそれとは相当な開きがあり、かつ極端にそれを言えば、相当な開きどころか、根底から違うのである。だから蔣閣下は日夜、悩んでおられる。また、われわれもこのことに関し、絶えず連合国側から日本軍人の懲戒に対する努力が足りないとか、あるいは連合国に対する協力が不十分だとか、苦情を言われて困っている。

われわれ中国の軍人は、日本軍の侵略に対して抗戦はしたが、日本軍人に対して憎悪の感情は持っていない。そうは言っても、日本軍人が信ずるか、どうかわからんが、本当なんだ。両者とも国のため、命令にしたがって、戦ったわけだ。だからこそ戦争が終わった現在、対等な隣国の戦友にならねばならん。

かりに勝者と言い、敗者とよんでも、それは時の運であるから、われわれは日本軍人に対して『捕虜』とは言わず、『徒手官兵』という呼称をもちいている。こういう中国の心は、どう説明しても、白人たちには理解できないだろう」

と言った。

いま華北の最高責任者として、中国側の最高責任者から聞く、この何の言葉の内容には、反省させられることがきわめて多い。

「根本は日本人なのか中国人なのか、さっぱりわからん」といつも批判されてきたが、それだけに中国人が日本人を思ってくれる心に対し、われながら恥ずかしく、穴があったら逃げ込みたい心境である。根本は、この腹かっさばいてお詫びしても足りない、と思った。

*

蔣介石から根本に会いたい、という使者が来た。彼が北京を訪れたようだ。

いよいよ戦犯として覚悟を決めなければならぬ。武者ぶるいのおさまったところで、彼の宿舎を訪ねた。

部屋には椅子が二脚しかなかった。武官長官商震上将、戦区司令長官孫連仲上将などの高官を立たせたまま、彼は根本の手をとり、椅子にすわらせた。

「いまでも私は、東亜の平和は、わが国と日本が手を握ってゆく以外に道はない、と考えている。いままでの日本は、少し思い上がっていた。いや思い上がりすぎていた、といった方が妥当かも知れない。しかし、これからは対等に手が組めるだろう。貴下は至急帰国して日本再建のために努力してもらいたい」

ねぎらいの言葉がしばらくつづいた。そして、さとすように語りかける蔣には、戦勝国の代表としての驕りなどは微塵もなかった。

根本は感激が怒濤のごとく胸を突いてきてどうしようもない。

「しかし閣下、私は三十五万の将兵と四十万の在留邦人を残して、先に帰国することはできません。また部下の中には、何人か悪事をはたらいた者もいるでしょう。私は当然、華北方面軍司令官として戦争責任を問われなければなりません」

そう答えていても、日本に示す彼の温情が根本の心にこたえ、目がうるんで、もうなにも見えないほどだ。

「戦争犯罪人の処罰は、連合国の確認事項だから致しかたない。しかし、いたずらに多くの戦犯人を摘発して、新たに日本人の怨みを招くようなことはしたくない。戦争である以上、双方とも罪を犯している。肝心なことだから、もう一度くり返すが、戦争というものは両国とも罪を犯しているのだ。負けた者だけが悪いというのはおかしい。

だが、いまも言う通り、連合国側の強い要請もあるので、戦争以外のことでもっとも悪質な罪を犯した者に限り、戦犯として処罰したい。中国側の責任者に対して、この点は十分に注意をあたえているつもりだが、もし日本側に不満があけば、いつでも申し出てほしい」

〝刎頸《ふんけい》の交《まじ》わり〟いう諺がある。生死をともにするほどの仲よし。いっしょに首を切られても悔いはないというくらいの友情、という意味だが、根本の思考のなかに、ふっとこの諺が浮かんだ。

根本がはじめて蔣に会ったのは大正十五（一九二六）年、彼が容共政策をとりながら北伐軍を率いて広東から漢口に攻め上がったときである。それ以後、根本の軍人としての人生の大半は、中国問題と中国大陸ですごしたので、相互に剣をまじえていても、

「東亜の平和のためには、日本と中国は手をつないでいかねばならない」

という理想を、戦いながら確認してきた二十年であった。

だが、なんといっても、蒋が武官長官商震上将、戦区司令長官孫連仲上将などの高官を立たせたまま、二つしかない椅子の一つを根本に奨《すす》めてくれたシーンをいつまでも彼は忘れなかった。

戦いに敗れた根本をなぐさめ、日中両国が手を握って東亜の平和に尽くそうという思いが形にあらわれたわけだ。

終戦処理への評価

終戦後満一年。その期間は根本個人にとって、目まぐるしい変転はあったものの、人生でもっとも充実した期間ではなかったか。

一年前までは日本陸軍という大きな組織の中にあって、いそがしくはたらいているうちに少尉から中将に累進したのであるが、ほとんどの軍人はその組織から出ると、陸に上がったカッパ同然ではなかったか。

「日本の中将だ」と威張っていても、その中将一人だけではさして恐ろしくないが、彼の背後には数十万人という武装した部下がおり、さらにその後ろには日本帝国がひかえているから、占領地の住民は頭を下げていたのである。

それらのすべてが昭和二十（一九四五）年八月十五日に崩壊し、大本営からは一片の指令もなくなり、そのうえ敵地に住む陸軍中将は、戦犯として相手側の活殺自在な手中にあるわけだ。

敗戦この方、三十五万の北支軍将兵と四十万在留邦人の存在は、負担であっても、助命の手だてとはなり得ない。

丸腰、丸裸の根本個人が、蔣介石、何応欽をはじめとする昨日までの敵国指導者とサシで応待、終戦処理を進めるよりほかに道はなかった。それは何十万の部下を指揮して敵の首都を攻撃するよりむずかしかった。

組織の力学はサシの応待には通用せず、その接点にある歯車の材質如何が、その人とその背後にある全体の運命を決めたのではないだろうか。

中国側のいくつもの歯車と、華北でそれを受けるたった一つの歯車、すなわち根本という歯車が、これほど微妙に、そしてみごとに回転し合って、不協和音も出さなかったのはまさに歴史的な事実であった。

華北のこのモデルケースは、全中国と台湾におよぼされたため、満州とはまったく異質の終戦処理が行なわれた。

さて在留邦人であるが、アメリカが輸送船百八十隻を貸与することとなり、中国にいた軍人と在留邦人の送還は昭和二十一年末には終了する見通しがついた。そこでそれぞれの地方にあって治安維持に任じていた日本軍は、逐次、もよりの港に集結して、華北では秦皇島、塘沽、青島の諸港、華中は上海、華南は広州からアメリカ船に乗って帰国した。

つぎは日本人に暖かい心を示した国民党軍はどうなったか。その軌跡を追ってみよう。

満州に侵入したソ連軍は日本軍の武装解除を行ない、所在の工業施設と物資をシベリヤに運搬し、そして満州に進駐しようとする国民党軍に対しては、大連港の使用を妨害、その代わりに国民党軍が営口に上陸しようとすれば共産軍に攻撃を指示した。

ソ連軍は満州における大半の物資をシベリヤへ輸送すると、予告なしに旅順地区だけを残し、シベリヤに姿を消してしまった。その空白を民主連軍と称する部隊が埋め、後にこれが林彪の率いる中共軍第四野戦軍となり、日本軍の武器を手に入れ、近代化された共産軍の中核に変貌していった。後に山海関を越えて華北に侵入するのである。

その華北ではアメリカ軍の援助により日本軍民は、他のいずれの地区よりも早く日本に引き揚げ、その空白を埋めたのは蒋介石の国民党軍ではなく、前記のごとく林彪中共軍という結果に終わったのは皮肉である。

昭和二十一（一九四六）年五月、対日戦争中、四川省の重慶においていた蒋介石の中央政府は、もとの都南京に移ったが、主導権を争う国民党軍と共産軍の抗争は、各地で表面化して、七月に入ると、アメリカのマーシャル元帥の仲介工作を無視して、戦火は全中国に燎原の火のごとくひろがっていった。

盟友根本博を、前官礼遇で日本に送る華北剿共総司令兼北京市長傅《ふ》作義の表情に、いまひとつ暗い影がひそんでいるのを、根本は見逃さなかった。

前年の八月二十二日、根本の率いる駐蒙軍が退いた後の張家口には、その日のうちに、ソ蒙軍と共産軍が入城して、傅作義の率いる国民党軍は、大同から一歩も東進できなかった。

支那派遣軍百五万と豪語した日本軍も、結局、あの広い中国では、かろうじて点と線を確保したにすぎなかったが、その後の国民党軍はもっと悪い条件におかれている。

蔣介石と何応欽が非公式ではあるが、「このまま中国にとどまって力を貸してくれ」と、根本に頼んだことがあった。

国民党軍の劣勢をカバーするのは、戦略家・根本の力を借りる以外にないと考えたのではないか。

しかし、日本軍人としては「一つのケジメが必要である」と感じた根本は、後ろ髪を引かれる思いを押さえ、終戦後丸一年、中国関係者の好意を謝しつつ、思い出多き中国を離れたのである。

＊

駐蒙軍は、張家口に集結した四万人の一般在留邦人を北京に後送したが、その代わり大同以西の綏遠、包頭に住む邦人を放置したではないか、とその当時、批難する人もあった。

そのように思えたかも知れないが、いったん北京に移った根本の動きは、この人物を張家口に張りつけにしなかった神の配剤、英知を教えているようだ。大戦の末期、国民待望の神風はついに吹かなかったけれど、根本という人物を張家口から北京に移したことによる歴史的意義は、きわめて大きかったと言わざるを得ない。

ところで、張家口の在留邦人四万人を受け入れた北京、天津地区が日本の領土でないことはだれでも承知しているところだ。それは満州各地と同じである。終戦前、満州における軍民の一部は、日本の領土であるかのごとく思い込んでいたフシもあるが、それは完全な錯覚であったことを終戦で知らされ、その日を境にして日本人の住む場所がなくなったのは衆知の通りである。

ところが、北京、天津地区は、蒙疆と華北の全地区に住んでいた日本軍民に対して、その故郷にも等しい受け入れ態勢をとってくれたから、西のさい果て、包頭の在留邦人たちも、山西省の太原経由で北京に着き、帰国の船便を待っているあいだ、日本軍の保護のもとで生命の危機にさらされることなく生活できたのである。そして、包頭の邦人が北京に後退できるよう手配したのは、じつは根本であった。

もちろん蔣介石の「怨に報ゆるに徳を以てす」いう命令があったからではあるが、あの混乱のドサクサに実行するのは容易なことではない。

くり返すが、満州と比較すれば容易に理解できるはずだ。終戦後、満州の在留邦人は、ソ連軍に、「日本人の生命財産は絶対に保障する」と言われた。しかし、その舌の根の乾かぬうちから、貴重品をはじめ食糧、家財道具、果ては貞操、生命までも奪われた。四十余年たった現在でも、雨の降りしきるなか、麻袋を身にまとい、泥濘の荒野を逃げまどう婦女子の姿が筆者の瞼に焼きついていて離れない。

「生命、財産を保障する」つもりであったが、なかなか困難なことである、と言われれば、敗戦国の国民としては一言も反発できなかった。それに反し、あの広大な中国で、日本人に対して温情あふれる終戦処理を行なった中国の軍民に対して感謝しなければならないが、ではだれがそこまで中国の善意をひき出したのであろうか。

根本が帰国後、国府軍は窮地に陥り、蔣介石は日本に特使を派遣、根本に救援を申し込み、それに応えて根本が台湾へ急行した一事をとってみても、両者の絆がわかろうというものである。

せかせかと立ちはたらくのが勤勉とされているいま、日本人社会で根本のような性格は、とかく卑下されることが多い。なにせ彼は茫洋としていて、いつも大局を見ているせいか、つかみどころがない。

陸軍士官学校時代の教官である荒木貞夫は、彼を評して「昼行燈《ひるあんどん》」と言ったそうだ。そして中国に渡ってからは、「シナさん」と周囲の者に呼ばれた。

しかし、人物の判定は結果がすべてに優先するものではないだろうか。目さきが利いて知将などといわれた軍人が、戦いが終わってから、多くの兵士や居留民を見殺しにし、国を滅ぼした。そして「昼行燈」と呼ばれた人物が、ここ一番というとき、己れを犠牲にする覚悟で、多くの同胞の生命を救ったのである。

昭和二十年八月十五日の正午以後、張家口北方の丸一陣地でソ蒙軍に抵抗し、四万の居留民を北京など後方に送りとどけたことはすでに書いたが、終戦後、北京でひそかに中共軍と連絡をとっていた士官学校三期先輩のA中将に対して、その行動を禁止した。先輩、後輩間における差別の厳しい軍隊で、三期も先輩に当たるAの行動を禁止する勇気は並み大抵ではない。しかし、在留邦人にとって恩ある国府軍のため、あえて陸軍の伝統を破ったのである。

また蔣介石、何応欽から示された温情の中で、中国に残ることを求められたのに対し、とまず帰国したい」

「日本の軍人に、行動の自由はない。ご好意はありがたいが、陛下のご意志にしたがってひと回答し、スジを通した。しかし、帰国後、蔣介石から救援を求められると、家財道具を売って旅費をつくり、台湾に急行、個人として昔の恩義に報いるあたり、とても「昼行燈」の評価は当たらない。

終戦処理に当たって、日本がもっとも必要とした人物は、平素カミソリと評判を立てられ、その気になっていた者ではなく、根本のように大局を見通す無私の指導者ではなかったか。

それはともかく根本は、最後の一兵にいたるまで、その帰国を見とどけ、最後の復員船で佐世保に上陸。昭和二十一年八月二十一日の朝まだき、副官の木村勤をつれて東京都下鶴川駅に降り立った。しかし、街の変貌が激しくて家がわからないため、駅員に「根本という家は?」とたずねて、ようやく帰宅した。「これが閣下のお荷物です」といって差し出されたリュックサックには、琺瑯製の洗面器が一つ入っているだけだった。彼は数えで五十六歳になっていた。

第六章　戦略の勝利

極東国際軍事裁判

鶴川の家は、根本将軍の給料の留守宅送りのなかから夫人の錫《すず》が貯えて昭和十七年ごろから三年がかりで建て替えたもの。彼がずっと内地勤務ならば、おそらく給料の大半が呑み代に化けてしまったはずだが、永年外地勤務で、給料留守宅送りの制度があったため、家の改築ができたそうだ。

当時の鶴川は、田圃の中に農家が点在するだけで、家の中にまで青大将や山かがしが忍び込んでくる。しかし、彼ははじめて見る我が家が大変気に入ったらしい。

当時、末子の軍四郎は小学校三年生だったが、赤ん坊のとき以来、顔を見ていないので、「この子はだれ？」と錫に聞いたそうだ。

自分の子供とわかって、「親はなくとも子は育つとはよく言ったものだ」と喜んだ、という。彼が復員したころピアノがあった。これは、軍四郎がコンタックスのカメラを二台持っていたが、友人がそのカメラを欲しがり、結局ピアノと交換したものだった。当時はカメラもピアノも入手が困難のときであった。カメラとピアノの交換は、その代金からみてきわめて不自然に思われるが、当時は欲しい物を手に入れるためにはそうするより方法がなかったのである。

そんなわけで、根本の留守中にピアノが置かれるようになり、次女のミチは音楽が好きで毎日弾《ひ》いていたらしい。

一方、鶴川の青年たちは、沖縄出征の部隊に応召したため多くの犠牲者を出した。彼は、

「軒なみ戦死者のいるなかで、わしの家からのどかなピアノの音が流れるのを、遺族の方々はなんと聞くであろうか……」と言い、保育園をひらくという引揚者に提供してしまった。

ところで、彼の生活資金であるが、復員当時、恩給はなし、別な収入もなく、一家は売り食いをしていたので、のんきな根本といえども食うことを考えざるを得なかった。そこで先代からの旧知である白髪染本舗の山本吉太郎を訪ねた。

「中国から帰って、ようやく落ちついたが、毎日別段これというてする仕事もない。畑仕事と魚釣りを仕事としているが、毎日となると退屈だ。君のところで何か手伝ってやりたいのだが、何か仕事はないか」

久し振りで会うのに食うに困るから、とは言えなかったらしい。

「世が世なれば何十万人に号令した将軍が、商家で何をなさるおつもりですか?」

山本がそう聞くと、根本は、

「いま東京の下町は物騒で毎晩、泥棒が出没すると新聞に出ているが、わしがお前の店で張り番をして、泥棒が来たらよく説教してやる。その代わり毎晩酒を一升ずつ用意してもらいたい。幸い昼は近くの隅田川で魚釣りをして、あきたら帰ってひと寝入りして夜になったら番をする。まことに適任だと思う。やらしてはくれまいか。いまも言う通り酒は忘れんでくれよ」

と大真面目であった。

当時は配給米も遅配、欠配がつづく御時勢で、清酒の調達も困難なときであった。しかし、山本は根本の願いをかなえてあげたい、と思うのだが、なにせ将軍の悠揚迫らざる風格に圧倒されて主客転倒。山本が採用試験をうけているようで妙な雰囲気だった、という。

日が暮れたので、山本が大切にしまって置いたウイスキーの角瓶を出すと、相好を崩し、チビリチビリとやり出し、話も佳境に入って三分の二ほども平らげたころ、

「今夜は遅くなったし、酔いもまわった。わしはここで寝る。君はどこかへ行って寝てくれ。すまんな」

そう言いながら、奥の間の寝台にもぐり込み眠ってしまった。

当時は商家といえども、必要最小限の家で生活していた。だから、寝台を占領されては寝る場所も寝具もない。

だからといって、大虎になってしまった根本を、鶴川の自宅まで帰すこともできない。なにせタクシーなどなかった戦後である。

山本は知人の家を叩き起こして一夜の宿を頼んだという。

翌朝早く、山本が帰宅してみると、寝台はもぬけのカラ。まだ残っていたウイスキーは飲んでしまったらしく空瓶が床に転がっている。壁に大きなキズがついてた。酔っ払って壁にぶち当たったのかも知れぬ。

それから半月ほど経過して根本将軍は、長女のりを連れてふたたび山本を訪ねた。

「よくよく考えてみたが、わしには勤まりそうもないので、長女を連れて来た。どうか使ってくれ」

と言う。

山本に異存があろうはずもなく採用と決まった。

のりは女学校を卒業したばかりで、顔は父親そっくり。頭が抜群で健康。責任感が強く、これほどの女性はカネ、タイコでさがしたって、そうザラに見つかるものではないと山本は思った。

その後六年間、無遅刻、無欠勤で大いにはたらき、山本のためになったという。

だから山本は、もし、のりが男だったら養子にもらいうけ、事業を継いでもらえるのに、とこぼしていた。

＊

根本が市井の住人として細々と暮らしているころ、表の舞台では極東国際軍事裁判が、占領軍司令官マッカーサー元帥の命令でひらかれ、東條、荒木、小磯をはじめ武藤、橋本、鈴木ら陸軍時代の上司、同僚たち二十八名を裁く法廷が開設された。それはところもあろうに、もとの陸軍士官学校跡であった。

占領軍のなかにはソ連もくわわっているので、終戦後も張家口北方の丸一陣地で、根本将軍の率いる駐蒙軍が頑強に抵抗した事実を言い出すかも知れぬ。

戦いに敗けたから戦犯というのでは、いかにも理不尽だが、そうなったら致し方ない。いさぎよく法廷に立たねばならぬ――。根本はそう覚悟を決めていた。

ある日、東京に出た帰り道、新宿小田急線駅前にひどく人だかりがしているのでのぞいて見ると、見おぼえのある男が演説をしていた。

共産党の野坂参三であった。

前にも書いたが、根本が終戦後、北支方面軍司令官として終戦処理に当たっているとき、岡野進と称する日本人が面会を申し込んで来た。

将軍が情報担当参謀に用件を確かめさせると、岡野というのは偽名で、本当は日本共産党の有力幹部である野坂参三であった。彼は、

「天皇制の下で経済機構だけを共産党流に改革するという方針だから、日本軍内にもむしろ共鳴者も多いはずです。戦争が終わって日本に帰国するまでの、軍隊が暇のあるうちに、自分らが共産党の思想を軍隊内に宣伝することを許可して欲しい」

と言うのである。

戦争も終わったのだから、まもなく武装は解除されるし、武装を解いたらもはや兵も一般

国民である。それならば岡野の申し出を……。

と考えないではなかったが、しかし、その結果、兵士たちの中共軍に対する気持が変化して、中共軍の武装解除を認容するような部隊が出てきたら、それこそ困る。「千里の堤も蟻の一穴から……」という諺もあるくらいだ。油断は禁物である。

それだけではない。共産党に対するソ連の支配力は絶対である。かりに岡野らが天皇制を認めても、ソ連から「ニナーダ（必要なし）」と言われたら、それで一巻の終わりどころか、全巻の終わりである。

君子危うきに近寄らず――。そこで根本将軍は情報参謀に、

「共産党の宣伝を日本軍隊内で行なうことは許さない。岡野が北京市内をウロついているということが、憲兵に知れたら、憲兵はかならず逮捕するだろうから、一刻も早く北京を去った方がよい。これらを岡野に伝えた後、なお彼が北京市内にいるようだったら、憲兵に追わせろ」

と命じた。

このとき、根本が、岡野つまり野坂参三の計画を容認していたら、シベリヤにおける「民主グループ」の二の舞いとなったのは自明の理である。

さて、新宿小田急線駅前で野坂参三の演説を聞いていた数名の復員兵姿の青年が盛んに拍手を送っていた。これを見て根本は、「オレの出番は終わった」としみじみ思い、家族にもその感想をもらしたそうだ。

「昨日陸軍、今日総評」という流行語も生まれ、なにごとか騒ぎがあると赤旗を振り、国のためなら生命も捨てようと覚悟を決めた兵隊までが、復員服のままで「天皇制打倒」を叫び、いまはなき軍隊の旧悪を暴露する。

街では子供がアメリカ兵にチョコレートをねだり、厚化粧の女性が青い目の兵隊にぶら下がって歩きまわる。

まるで変わってしまった。だが、嘆いてもどうにもならない。

卑怯のようだが、そんな風景は見たくない。水筒に好きな酒をつめて毎日のように六郷の土堤で釣り糸を垂れていたが、そこでもやはり嫌なものが目に入る。今度は海に出かけるようになった。

ヤミ商人と浮浪者とパンパンが街にあふれたまま、昭和二十二（一九四七）年が暮れようとしていた。

そのころ極東国際軍事裁判は終了して東條ら七人を絞首刑。荒木、橋本、小磯、南、梅津など、かつて根本将軍の同僚だった将官連、それに海軍大将の嶋田と文官五人をふくめ二十三人に終身刑。東郷、重光の両外相に二十年と十七年の判決が下った。

年の瀬のある夜、七人の刑は執行された。

そして年が改まると、北京の傅作義、天津の張治中らは、国民党の軍官の組織を率いたまま、共産軍に投じ、四月の末、共産軍は、三つの野戦軍を合わせて揚子江を渡った。

中国の事情にくわしい根本の思考の中には、首都南京をふくむ揚子江の一線で、国民党軍は抵抗して華中から華南一帯を確保するにちがいない、と思っていた。もっとも彼は「シナさん」といわれるほど国民党軍の幹部と親しくしていたため、国民党に勝たせたい、という願いがあって、いささか甘い予測になっていたようである。

だが、その願いも空しく、共産軍の進駐は海南島から、広西省のベトナム境までつづき、昭和二十三年十月一日、北京で中華人民共和国の成立宣言があった。

あたかも、中華人民共和国の成立と歩調を合わせるかのように、シベリヤからの帰還者が、「天皇島に敵前上陸だ！」「天皇制打倒にわれらのカンパを！」「われわれの帰国を遅らせたのは日・米反動だ！」「全員代々木の日共本部へ直行せよ！」「日・米反動の嵐を突いて敵前上陸だ！」

と叫んで、舞鶴まで出迎えた肉親の手を振り切って上京、代々木に直行する者もあった。シベリヤからの帰還は昭和二十二年の五月からはじめられたが、比較的平穏であったのに、中華人民共和国の成立宣言のあったころから、帰還者の態度が一変したのである。

新宿で野坂参三の街頭演説を聞いたときから根本は、「オレの舞台は終わった」と己れの胸に言い聞かせてきたはずだったが、次第に「このまま放っておいては……」という思いが湧いてくる。

そのとき、彼はまだ五十代であった。

このまま放置すれば、わが日本は赤旗にうずまって、心理的にはソ連、中共の植民地になってしまう。日本と中国が赤く染まっては、東亜の将来は暗黒である、と語り合った中国国民党の首脳者たちは、いまごろどうしているだろうか……。

軍人の妻

そんなある日、台北から蔣介石の親書を携えて来た、という中国青年が鶴川の自宅に現われた。昭和二十四（一九四九）年の三月上旬であった。

李銈源と名乗る中国青年は、どこで覚えたのか日本語が上手で、「どうぞ御覧になって下さい」と差し出した親書には、「三百万ドルの支度金を持参させた」とあるが、その米ドルは、どこで蒸発したものか姿を消している。

鶴川の住所は、根本が北京にいるころ、何応欽上将の指示で、在日中国代表部がさがし当てたものである。

蔣介石の親書には、

「大陸で日々追いこまれ、われに利なし、国民政府を助けられたし」

という要請が書かれてあった。

そのころ、中国大陸では陳毅の率いる中共軍第三野戦軍が、長江を渡って華南へ進撃する気配を示していた。

「ついに長江の天険も、中共の進出を阻むことはできないのか」

と、中国の地理にくわしい根本は深い溜息をついた。

蔣介石の使いが帰ってから三日目、鶴川の自宅前にトラックが停車し、残り少ない家財をはこび出した。

例の親書には、「根本が中国に来るための支度金三百万ドルを同封」とあったが、当時はいまとちがって円安であり、一ドル二百数十円ではなかったか。

物価の安い当時としては大金である。

浪人の根本が中国に出発するとすれば、親書にある通り、支度金がぜひとも必要である。国交が回復していないから、日本脱出のための船舶もチャーターしなければならない。

それに留守中の家族の生活費の件もある。そんな出費も計算したうえで、三百万ドルを持たせたものであろうが、根本が、

「支度金は？」

と問うても、その中国青年は笑うばかり。

無欲な根本は深く追及せず、家財道具を売り払って旅費をつくった。

もっとも売り食いだから目ぼしい物はなくなっている。それでも片道の費用ぐらいはなんとかできたようである。

そして五月の八日、根本は小田急線で新宿に向かった。釣り竿やビクを持ち、いつもと同じ魚釣りの格好だった。

しかし、いつもと違うこともあった。

家族四人が田んぼの畔に並んで手を振っていた。電車が木立にかくれるまで手を振っていた。みんな目に涙をためて……。

「だれに聞かれても、おとうさん魚釣りに行った、と答えなさい。いつ帰るかと聞かれたら、お友だちと遠くの海へ行く、と言ってたから、わからないと言うんですよ」

と明治の婦徳をそのまま身につけた錫夫人は、子供たちにやさしく説いて聞かせた。

――戦争が終わって、やっと日本に帰り、経済的には貧しい売り食いの生活だけれど、久し振りに夫と暮らせる幸せにつつまれていた。それが……。また戦乱の中国へ行くという。

「蔣介石の温かい〝以徳報怨〟という思想のおかげでぶじ、お前たちと再会できたのだ。今度はオレの〝以徳報怨〟の番だ。

彼は日本に対し、怨みがつもりつもっているはずだ。だからソ連と同じ手口で、われわれ日本人を苦しめても文句を言える立場じゃない。とくに司令官のオレは、戦犯で首をはねられても仕方ないところである。

しかるに彼は、怨に報ゆるに徳をもってす、と言い、われわれ日本人を、無傷で日本へ帰してくれた。いまこそこの恩に報いるときだ。

彼の以徳報怨にくらべると、オレのこれからやろうとすることなんか、屁みたいなものさ。それにしても、いまオレが行かなきゃ日本人の名がすたる。苦労をかけてすまんが、これもなにかの因縁だ。辛抱してくれ。子供を頼む」

と言われ、錫は、

「わかりました。お帰りを待ってます」

と返事した。

どんなに辛くても笑顔で送り出そう、と決めたのである。

蔣介石が大枚の支度金をくれたところをみると、長期戦のつもりらしい。もっとも支度金は途中で消えてしまって、主人のもらったのは親書の中の口上だけだが、主人は、

「いつも変わらぬ義理固いやつじゃ」

と言い、現実には一文も手に入らなかったのに、愚痴らしいことも言わず、家財道具を金に代えて旅費にした。茫洋としてつかみどころがないとよくいわれるが、私だってはじめのころは途惑うことばかりだった。

私の実家は東京高輪北町(後に車町)の郵便局長だった。そのころ、あの人との縁談話が持ち上がった。

当時、あの人は参謀本部付大尉で、将官令嬢との縁談もあったそうだ。茫洋としていても、彼の人柄を見る人は見ていたんだと思う。

しかし、親の七光りで出世したくない。自分でやってこそ日本男子という信念に燃えるあの人は、家の中まで馬の立ち小便が聞こえる百姓家、つまり福島県仁井田村の実家へ喜んで来てくれるような人を望んでいたという話だ。

上田政吉中隊長の隣家にあの人は下宿しており、高輪の私の家でお見合いをするはこびになった。

私の父は三等郵便局長だが、昔は銀行の頭取で、いま考えてみると太っ腹で親分肌のところはあの人とそっくり。それに酒好きのところも似ていて、父と年はちがっていても、あの

人を見ていると、父といっしょにいるような気持になってくるから不思議だ。

お見合いの席は、たちまち酒席に早代わり。お酒が大好きでもお見合いなんだから、並みの人なら遠慮してほんの二、三杯というのが常識らしいが、あの人は文字通り浴びるほど呑んで、その揚句、二階の物干台から放尿する始末。

いっしょになってから、その一件を話したら、「うん、あれか、婚約したという返事だった」なんて、ケロッとして言っていた。

それはともかく、祝言をあげてからともに暮らした日はすくなかった。これから行く末は短いけれど、あの淋しかった日々を取りもどしたい。ここしばらくは百姓仕事と売り食いで暮らしは苦しいけれど、子供が成長すれば夫婦二人きりだ。百姓で充分やってゆける。

空気のうまい鶴川で、あの人の疲れた身体を癒《い》やしてあげよう。もう決して離れない。

毎日のように釣り竿をかついで河や海に出かける根本を見送るたび、錫夫人はそう思っていたものである。

そんな、ささやかだけれど温かい〝心〟の日々がつづいていたのに、舞台は暗転して、動乱の中国へ出発するという。

「オレだけの恩義じゃない。百万近くの在留邦人の生命を助けてくれたのだ。出かけにゃならん」

主人の切々たる言葉を聞けば、涙をこらえねばならなかった。

田んぼの畔で汽車を見送りながら、「あなた……」といつまでも心の中で叫んでいた。そして、それからというもの庭先や田んぼで西の空を眺めることが多くなった。

三ヵ月ほどたったある日、アメリカ軍のジープが鶴川の根本宅の前にとまってGHQ（総司令部）まで同行して欲しい、と言い、錫を車に押しこんで姿を消した。

そしてその夜は帰って来なかった。子供たちは、

「GHQといったのは、連れ出すための方便で、本当は誘拐犯ではないか。それも思想的なもののからむきわめて悪質なものかも知れない」

と一睡もせず、夜の明けるのを待った。

昼すぎ、錫は案じたより明るい表情で帰って来た。

「日本の軍人は、軍務について一切、家庭では話をいたしません。現在は御承知の通り、軍務を退いておりますが、昔の習慣でしょうか、家庭のこと以外はなにも話しません。先ごろ魚釣りに行ったという以外のことはわかりません。本当に知らないのです。ですから、それだけしか申し上げられません、と言ったのよ。本当になにも知らないものね」

と子供たちに説明した。

本来、アメリカ人は女権尊重というか、女性に弱いというのか、日本とちがって女性の言うことも信用してくれるので大いに助かった。

「マダム」「ママさん」と丁重に扱われ、食事もベッドもあたえられて、帰りは車で送られて来た。

台湾への密航船

一方、根本であるが、鶴川の村を脱出すれば魚釣りの扮装は必要ない。新宿駅のトイレで洋服と着替え、南口に出て吉村虎雄と落ち合った。

彼はかつて華北の参謀本部員であった。根本将軍が王克敏の出馬工作を行なったときに使った部下で、中国語がきわめて堪能である。

彼は終戦後、満州西部の洮南に潜伏したが、そのさい国民党の特務機関員に発見され、

「私はあなたを暗殺するよう命令され、あなたをさがしまわり、ようやく見つけた。しかし、悪人でもないあなたを暗殺するのは忍びない。いま中国内の順逆は大きく変わりつつあるので、今日のところは見逃すから、早く日本へ帰ったほうがいい」

と言い、見て見ぬ振りしてくれたという。

ところで、吉村は根本から、同行を求められたとき、即答はできなかった。

いかに根本の供《とも》であるにしても、かつて自分の生命を狙った国民党に出頭するのである。複雑に心がゆらぎ、逡巡をかさねた。しかし、将軍の熱意に動かされ、同行を承諾したわけである。

新宿駅南口で落ち合った二人は、そのまま東京を離れた。

はじめは上海に渡るつもりであったが、準備をすすめている間に、上海も中共軍の手に落ちた、という。

国民党軍の敗退に、このような雪崩れ現象が起こっては、手がつけられない。いっそのこ

と、国民党軍が逃げ込むとみられる台湾へ先回りしてやろう、と根本は判断した。行く先が台湾と決まれば、九州の西南端から島伝いに行く方法しかない。ところが、北九州に立ち寄ったところで、アメリカの憲兵に捕まってしまった。

「これで恩返しもパアー」と身の不運を嘆いたが、それでも尽くすべきは尽くしてみよう、と気を取りなおし、

「個人としても日本民族としても大恩ある蔣介石を助けたい」

切々、心情を吐露した。

〝案ずるより産《う》むが易し〟——。やってみないうちは、とかく心配するものだが、いざというときには、わりとたやすくできるもの、という意だが、このときもこの諺そっくりの答えが出たのである。

そのアメリカ憲兵は、

「ぜひ助けてやってくれ」

と言い、そのうえ二世のMP一名を警備につけてくれた。そのため途中、いざこざもなくぶじ、日向路を南下することができた。

五月二十四日の深夜十一時、日向市の細島湾から三十トンの機帆船「捷真丸」で出帆した。息をのむようにして静かに南西諸島を島伝いに進んだが、占領時代のことで、奄美と沖縄群島へ日本人が勝手に出入りすることは不可能である。したがって、千五百キロの海上を台湾に直行しなくてはならない。

晴天のときでも波は高い。ところが、台風の季節とあって、沖縄群島はその直撃をうけ、三十トンの小舟は沈没寸前。危機一髪のところをアメリカの沿岸警備艇に救われた。

不法出国の罪に問われ、日本に送還されても、海の藻屑になるよりはマシである。

アメリカ軍の厳しい取り調べがはじまった。いよいよ正念場である。

「ソ連と中国共産党の手によって、中国はいまや共産化の一途をたどっている。最後の拠点である台湾ですら安全という保証はない。

私は数年前まで蔣介石と戦った軍人であるが、私個人としては日中戦争には反対であった。大戦末期にはむしろ蔣介石を援助して、中共軍を撃滅するために力を貸したこともある。これから二人で台湾に乗り込み、日本政府の力を借りず、蔣介石の反共戦略の確立に手を貸すつもりだが、アメリカ軍として異存があればうけたまわりたい」

大略、右のような意味を並べたが、〝物も言いようで角が立つ〟という諺がとっさに浮かび、できるかぎり柔軟な言葉と発音でしゃべってみた。案の定、アメリカ軍の心証をよくしたらしく、取り扱いが丁重になり、軍艦に乗せ、本国送還どころか、台湾に向けて出航した。

吹けば飛ぶような三十トンの小舟で日本を出帆して以来、十五日ぶりに基隆《キールン》に到着した。

ところが、なんと二人は留置場に監禁の身となってしまった。アメリカ軍艦の申し送りを誤解されたのか、あるいはまた戦乱の最中ゆえ、国府軍以外はすべて黒メガネで見ることになっていたのかも知れない。

いずれにしても、波涛はるばる千五百キロ、生命からがら辿り着いたものを、無残な処置である。

「蔣首席に会わせろ」と怒鳴りつづけている日本の老人を、役人たちは敗戦で気が狂い、そして誇大妄想になってしまったと思いこんだらしい。それでも勝手に殺すこともできず、粗末な食事をあたえるだけだった。

風呂にも入らず、着たきり雀。当然のことながら虱《しらみ》はわき放題で、二ヵ月も放置された。

＊

突然、ある日、檻の外に叩き出され、風呂につけられ、さっぱりした被服とうまいメシをあたえられた。なんと散髪までしてくれる。

根本も吉村も、「いよいよこの世ともおさらば」と落ち込んでいるところへ、蔣介石の秘書長が姿を見せた。彼はかねてからの顔見知りである。

秘書長は久闊を叙し、「蔣総統がお待ちかねです」と言う。二人は東京を出発して以来の労苦がムダではなかったことを喜んだ。

まず根本ら二人に面接したのは、台湾警備司令彭猛緝中将、副司令兼参謀長鈕先銘少将。根本将軍が北京で折衝したあの鈕先銘が副司令になっていたのである。

握手を交わしてから、蔣介石総統の待つ部屋へ入った。

北京で別れたままだ。旧交を温めるなどというものではない。蔣介石は目をしばたたいている。根本の目には涙があふれていた。

手を握り合ったまま、しばらくは、その涙の目で向かい合っていた。

最初に根本の口をついて出た言葉は、

「你《ニー》（お前）」であった。ところが、幕僚数名がピストルを根本に突きつけた。

「いいんだ、いいんだ。根本は古い友人なんだ」

まさに鶴の一声。蔣介石がそれだけ言うと、いっせいにピストルをかくした。

你と呼び合うのは一般庶民。東洋人にはちがいないが、正体不明のじじいが、国民政府の最高権力者を「你《ニー》」と呼んだのである。

側近が気色ばむのは当たり前。しかし、根本にかぎり、そう呼んでよいという蔣介石の採決があったのだ。

徳川時代、将軍に目通りを許された中国人が将軍に向かって「お前」と言ったようなもの。しかも今後は、いつでもそう呼んでよい、と将軍様から御許しがあったのと同じような話だ。これはたとえ話であって、本当は中国人が「お前」と言った瞬間、首をはねられていたはずだ。

蔣介石は、想像をはるかに越えた度量の持ち主であったらしい。

その翌日、蔣介石から呼び出しがあって官邸を訪ねると、湯恩伯将軍が待っていた。

彼はそのとき、長江以南の軍務報告のため蔣総統を訪ねていたものであるが、

「根本将軍をわが第五管区司令部に迎え入れ、その指導をうけたい」

と蔣総統に申請した。

「根本がそれに賛同してくれるならば、わしに異議のあるはずはない」

という総統の言葉を聞くと、

「喜んで湯将軍の麾下に馳せ参じ、犬馬の労を尽くしたい」

と快諾した。

その結果、根本が林保源中将、吉村は林良材大佐となり、国民党軍の正式幹部に登用されたのである。

筆者は原稿執筆の途中、資料に目を移し、思わず口もとがほころんでしまった。林保源に林良材という二人の名前である。

資料には振り仮名がないため中国語ではなんと発音するのか、わからないけれど、日本流に解釈すれば、林の源を保ち、つまり中国の源は国民政府である。その大切な源を保つ、つまり守るのは、この男だという願いをこめたものではないだろうか。

つぎに吉村の仮の名、林良材は読んで字のごとしである。林の中の良材、つまり国府軍をよくするための人材という意も当てはまる。

さて、その年の暮れ、中共軍の攻撃目標は浙江省東海岸の舟山列島であった。

根本博こと林保源中将は、蔣総統の命により舟山列島の定海に飛んだ。舟山列島一帯の防備状況を視察するためであり、舟山の定海は台北から六百キロほど北西の距離にある。

舟山列島は、浙江省の古い港、寧波《ニンポー》の東海上に点々と浮かぶ大小五百の島々であり、大陸を追われた国民党軍がわずかに優勢な海軍力に頼って、どうやら確保していた。

根本将軍はそれらの島をくまなく視察し、つぎの結論に到達した。

一、中共軍は西風に乗って、ジャンクで攻めて来る可能性が高い。
二、大小五百の島にそれぞれ部隊を配置して敵を撃退せねばならぬ。一つの島でも奪われれば、敵はその島を拠点として島をつぎつぎ攻略するであろう。
三、実際問題としては兵員数、資材の関係から全島を守備するのは不可能である。
四、中共軍の動静をさぐり、いち早く本部に報告、本部はただちに危険ある島へ軍隊を輸送する。こうすれば全島を守備する必要はないが、そのためにはどうしても機動力を持つ機帆船群が必要である。

しかし、肝心な国府軍には、機帆船団をつくるほど手持ちの船はない。日本は戦災にやられたが、漁船ならあるはずだ。なんとか手に入れる方法はないか、とあれこれ計画していたら、日本に出張していた劉参謀が、つぎのような計画を持ちこんで来た。

「日本で機帆船三十隻を入手しましょう。鹿児島から野崎という人物が来て、舟山列島で漁撈を許してくれれば、国民党軍に協力すると言っております。

だから機帆船隊を編成して、いつもは舟山列島の各処で漁撈を行ないながら、中共軍の動静を監視する。このほかに高速連絡船一隻、野崎が獲物を日本へはこぶ船二隻、合計三十三隻の船団をそろえることにしましょう」

右の提案は根本の結論に近いものであったから、野崎に十五万ドルを持たせ、三十三隻の入手を依頼した。

野崎は日本に帰り、約束通り機帆船三十隻、高速連絡船一隻、貨物船二隻、合計三十三隻を購入、野崎船団を編成した。いよいよ台湾に向けて出港の手順が完成したのである。

ところが、「月にむら雲、花に嵐」の諺通りになってしまった。月を見ようとすれば雲がかかって眺められず、花を見ようとすれば、風が吹いて、みんな散らしてしまう。世の中、とかく思うようにはいかないが、野崎船団も出航の前夜、和歌山の料亭で壮行会をひらいた。

台湾で漁撈に従事するとなれば、簡単には日本に帰れない。それに中共軍の見張りをかねるそうだが、一つ間違えば生命を落とすことだってあり得る。船団員みんなの興奮や感傷で、壮行会は派手に盛り上がってしまった。

泥酔した船団員が、土地のやくざと喧嘩をはじめ、団員の元海軍中尉が短刀でやくざを刺し、そのまま出航してしまった。

所轄署が海上保安庁に連絡、船団は九州沿岸で捕獲され、基隆に入港したのはたった六隻。残念ながら、この計画は放棄せざるを得ない。

そのときすでに、福建省の省都福州とその南の厦門《アモイ》にも中共軍が進出して来た。根本将軍は、国府軍の湯将軍に進言して、大陸各地の部隊を可能なかぎり無傷の状態で、沿岸の一江山島、大陳島、金門、馬祖の四島に撤退を実施した。

「いくさの神様」

根本は、昭和二十五（一九五〇）年の夏から金門島に腰を据えた。中共軍はかならずこの島を攻撃するとみたからである。

　案の定、十月に入ると、中国の南半分を手に入れた中共軍は、金門島と指呼の位置にある厦門《アモイ》湾、コロニス島の対岸に押し寄せ、夜暗に乗じて上陸作戦を敢行して来た。

　守る国府軍は、曹福林将軍の率いる二コ師団、劉汝明の二コ師団、それに福建省から撤退して来た綏靖部隊である。いずれも国府軍の精鋭部隊であるが、決死の上陸を敢行した上げ潮の中共軍に寄り切られ、半数が死傷、やむなく沖に浮かぶ金門島に後退した。

　十一月に入ると、いよいよ中共軍は、金門島の攻撃を開始した。

　迎え撃つ国府軍は、湯総司令の保衛隊一コ連隊、台湾から派遣された新編成の一コ師団、汕頭から撤退した二コ師団である。

　水際作戦で食い止め、一兵たりとも上陸を許さぬ覚悟であったが、中共軍の士気はますますあがるばかりで、じりじりと肉薄して来る。ために国府軍の損害は日々、増加の一途であった。もし守備する国府軍の一角が突破されると、全島敗戦の憂き目を見るやも知れぬ。

　根本将軍は最少限の損害で、最大の効果を上げるべく奇策を考案、提言した。

　それはまず中共軍をことごとく上陸させるところからはじまる。その上陸を容易にするため、国府軍は海岸から若干後退し、高地に布陣する。

　つぎに石油と発火物を所持する奇襲部隊を、海岸から少し離れた洞窟の中にひそませる。その場所であるが、中共軍の船舶が接岸しやすい場所で、しかも上陸の容易な海岸の近くを選んだのはもちろんである。

「千帆渡海」の毛沢東作戦どおり、二百隻のジャンクをつらねた三万三千人の中共軍が、厦門湾を渡って金門島に迫って来た。

同じ民族による骨肉相食む戦いがまさにはじまらんとしている。

日本でも戦国時代、徳川時代、明治維新と同胞による戦いがつづけられた事実を書物や学校で知らされたが、現実にこの目で見るのは国府軍と中共軍の戦いであった。しかも根本は、その戦いの中に身を置いているのである。悲しいけれど、国府軍からうけた恩義には報いなければならぬ。

中共軍は一発の砲撃もうけることなく楽々と上陸した。いささか拍子抜けした表情の中共軍が木陰で腰をおろし、一服しているうちに日が暮れた。

海岸の例の洞窟にかくれていた奇襲部隊は、中共軍の乗って来たジャンクを襲い、つぎつぎに火を放って八十六隻を焼き払った。

屋根に登ったところで梯子をはずされたようなものだ。中共軍は完全に逃げ道を絶たれ、そのうえ戦闘を続行するにしても弾薬、食糧の補給もつかない。まさに〝蟻の穴から堤くずれる〟であった。

石橋を叩いて渡る、の注意を忘れたわけではないが、勝ち戦さがつづいたため、国府軍を見くびってしまった結果だ。

弱いと思った国府軍には、戦略家・根本将軍がいて、戦機の熟するを待っていたのである。

観音亭山をはじめ丘の上に待機していた国民党軍は、いっせいに砲撃を開始、逃げ場を失

った中共軍は、袋のネズミ、投網《とあみ》の魚、と同じく一網打尽、その大半が死傷した。

会戦は初日ですでにヤマ場を越したのである。しかし、古寧頭地区の中共軍は、なお抵抗をつづけているとの報告があった。

そこには集落があり、戦闘をつづければ住民の被害が増大することは必定である。根本は、包囲陣を解いて海岸線に通ずる道を開けるよう進言するとともに、艦艇を古寧頭沖合の島かげに待機させ、高地からは「目標集落外」で発砲した。わざと集落をはずしたのは住民の死傷を避け、しかも中共軍の動転を狙った「ゆさぶり戦術」であった。

そうとは気づかない中共軍は、包囲陣の一角が破れたものと早合点、もと来た海に向かって殺到する。

国府軍は好機をとらえ、追撃にうつり、海陸から挟撃して、中共軍の掃討を成功させた。

＊

金門島の勝利によって根本将軍は、「いくさの神様」といわれるようになった。中共軍が、イ、根本の首に五万ドルの賞金をかけた。
ロ、根本を大陸に招待したい。
など相反する二つの意向を持っている、という怪情報が乱れ飛んだ。

それから二年半、台湾本土で国民党軍の編成、装備、教育訓練の指導にあたった。

昭和二十七（一九五二）年六月、日本に帰る根本将軍との別れを惜しむ湯恩伯将軍から、つぎの書が贈られた。

義薄雲天
民国卅八年正我国大局慌抗之秋
根本先生以中日唇歯相向更感於
総統蔣公之剛正恢宏毅然来赴與恩伯朝夕相聚
出入金厦舟山各島危難生死置之度外此程崇高之義俠精神実可
天地間久長当敬
根本先生帰国之行特書数字以留記念並雑景仰　根本先生雅存　湯恩伯

湯恩伯が根本に贈った書は、右の通り漢文であるが、日本語訳をすれば、つぎのようになると思われる。


「義は雲天に薄《せま》る。

民国三十八年。まさにわが国の大局危急存亡の折り、根本先生は中日の唇歯の関係を重んじ、わが総統蔣公の招きに応じ、毅然として、中国に来る。

しかして恩伯とともに、朝夕相つどい、金門、厦門、舟山の各島に出入して、危難生死を度外におけり。

この崇高なる義俠の精神こそは、じつに天地の間に長く記念させるべきであり、根本先生の帰国にあたり、とくにこの事を誌して記念とするものなり」

この湯恩伯将軍は二年の後、病気となり、治療のため来日、東京信濃町の慶応病院に入院した。根本は実の兄を見舞うように、一日も欠かさず、その枕頭に座して看護したが、その甲斐もなく根本の手を握ったままこの世を去った。

根本将軍も昭和四十一（一九六六）年、昇天した。

将軍とともに帰国した吉村虎雄は昭和四十二年八月、懐かしの台湾を訪れ、湯恩伯の墓に詣で、その冥福を祈った。台湾で行動をともにした吉村は帰国後、つぎのような手紙を長女のりあてに送っている。

「訪台の写真ができましたので永久記念として贈呈します。

湯恩伯将軍のお墓にお参りして感謝奉告と冥福を祈って、心がすっきり致しました。

湯氏の逝去は、中国軍政各界に大きな影響を与え、いまだに偉大な人物として慕われております。

彼は根本将軍を人生の終末にいたるまで、先輩として、自分の軍司令官として敬意を表し、その変わらぬ温厚な人格は、数多い逸話を残しております。

右とりあえず。　　　　　　　　　　　　　　　　　　　　　敬具

八月七日　　　　　　　　　　　　　　　　　　　　　　　吉村虎雄

第七章　将軍の春秋

根本家の人々

「茫洋」という文字がそのまま当てはまるような人物。だが、そのかげにはかり知れない〝知〟と〝心〟を持っていた。そんな人物像が根本博である。

その生い立ちから昇天まで、彼の人物像に焦点をしぼってみよう。

根本家の先祖は第六十二代村上天皇の皇子が臣籍に降ったいわゆる村上源氏の一族で、近江国を制し、佐々木氏を名乗ったという。

根本家初代の照林和尚は、後醍醐天皇に仕える北面（臣下）の武士であった。

後醍醐天皇は吉野でおかくれになったのではなく、逃れて現在の茨城県磯原付近まで来られたそうである。しかし病気となって、その地でなくなったという。

お供の武士たちは後醍醐天皇亡き後、安住の地を求めてちりぢりとなり、根本家初代は福島県須賀川市の近くの仁井田村を第二の故郷と決め、土地の娘と結ばれ、比叡山の根本中堂から根本をとって姓とし、名前は照林和尚と名乗ったという。

初代は追手を逃れるため素性をかくしていたが、せめて姓名だけは先祖とかかわりのある根本中堂からとろうと思ったようだ。

時をへて照林和尚が病の床に伏し、余命いくばくもなきを知り、家族に先祖の由来と逃亡の真相を語ったという。

根本家初代、照林和尚――第二十一代為吉

第二十三代　第二十四代

第二十二代

為三郎
キセ

嘉瑞（長男）――三郎
博（次男）
せつ（長女）
つな（次女）

弘毅（死亡）
甲子郎（死亡）
寅三（死亡）
のり（長女）
ミチ（次女）
軍四郎（四男）

根本家二十一代目為吉、つまり根本の祖父は世話好きで、近隣はもちろん村のためにも尽くしたが、なぜかムラ気で、頼まれごとも、機嫌のよいときと悪いときでは反応、結果がずいぶんと違ったらしい。だから機嫌のよいときを狙うわけだが、そのチャンスをつかむのがむずかしいので、村の衆は「向無天神」と呼んだ。

ずいぶん昔の話だから、向無天神の語源についてくわしい者はいないが、他人のめんどうをよくみるくせに気むずかしい人を、そう呼ぶしきたりがあったようだ。

なにしろ明治になっても、死ぬまで昔ながらのチョンまげを結っていたというから、筋金入りの頑固者だったにちがいない。

ご維新になり、みんなチョンまげを落として流行のハイカラに変身してゆくなかで、そうなれないなにかが心の中にあったのではないか。

孫の博少年が陸軍幼年学校に合格したさい、「朝敵でもお上の護りをさせるのか」と驚いたそうである。

幕末の会津戦争には、福島の武士は幕府方として戦ったが、為吉の子供は二人も徳川にくみして戦死をとげている。

そのころはまだ年寄りたちの心の中には、「福島県は朝敵である」という負い目のようなものが残っていたらしい。

博少年は、おじいさん、おばあさん、つまり為吉夫妻に可愛がられ、夜はかならずおばあさんのフトンにもぐり込んで眠った。それが一日のしめくくりでもあり、楽しみでもあった。だから幼年学校に出発する朝、村はずれまで送って来て、道祖神に博少年の武運長久を祈ってくれてから、おばあさんは、

「いいか、博、これからは一人で寝なねばならねえ。フトンをはねて風邪ひくんじゃねえぞ」

と目をしばたたきながら注意してくれた。

「うん。わかってる。だけんど、夏休みにゃあ、まだいっしょに寝てくんろ」

「待ってる。夏休みになったら真っすぐ帰って来いよ」

固く約束して駅に急いだ。

それからまもなく、おばあさんは庭に咲いた芍薬の花を摘《つ》もうとして倒れ、そのまま神に召されてしまった。そんなわけで、博少年は、死に目にもあえなかったし、肝心の夫為吉も外出先から駆けつけ、

「ばあさん、ばあさん」

と声をかぎりに呼んだが、二度とふたたび声の主を見ることはなかった。

「六十年もいっしょに暮らしておきながら、先にいっちまゃあがって……」

とつぶやきながら為吉は、崩れるようにつっ伏してしまった。そして、それから三ヵ月後、あの世へ旅立ってしまった。

為吉としては、女房の住む世へ早く行きたかったのであろう。いずれにしても、そんな一途な性格を孫の博少年が受け継いでいるらしい。

為吉は生前、菩提寺に鐘楼を寄進したり、事あるごとに協力するなど、寺に対する功績が大きかったので、大本山である越前の永平寺管長から為吉夫妻に戒名が贈られたという。

為吉の伜、つまり二十二代為三郎であるが、子供のころ非常に身体が弱かったため、学問で身を立てるべく鷲尾梅仙という名僧に弟子入りしたが、二人の兄が前記の通り会津の戦いで生命を落としたので、家を継ぐべく生家にもどった。

その後も一途に勉学し、東北の学者に生長、また歌もよくし、宮内省歌所寄人千葉胤明と親交を結んでいた。

また地方行政にも明るく、村政が行きづまると、かならずかつぎ出されて、前後三回、十数年にわたって村長の座についた。

経済にも明るく、寺領の増加、水利の便など枚挙にいとまがなかった、と伝えられている。そのほか算筆もよくし、ソロバンで開平、開立、三角函数などの計算もできたという。

語学が得意ならば算数は不得手。算数がよければ語学はダメというのが普通である。人間の頭脳は文系、理系のいずれかに偏しているらしいが、彼の場合は文、理双方が得意であったようだ。そのうえ村長を十数年も勤めたといえば、頭の切れる世渡りの上手な人物というイメージが湧くけれど、父親為吉と同じく変わった性格だったらしい。血は争えないのである。

家にあるときはつねに端然と座し、非常に几帳面で家の中、身のまわり、すべて一定の場所にキチンと置き、暗夜、手さぐりでも、どこになにがあるか、わかっているほどだった。

頑固で偏屈なところは、くどいようだが父親似。日に四度も衣服を着替えたり、入浴、食事、洗面など夏冬二通りの時間帯をつくり、それに一分でもたがえることを許さなかった。偏屈者の犠牲者が家族にとどまる場合は許せるが、他人にまでおよぶといささかややこしくなる。為三郎の場合は後者である。

新聞の配達がいつもより遅れると、門のところで待ちかまえ、「昨日より何分おそいぞ」と注意したらしい。

並みの百姓おやじなら、「いつものくせがはじまった」くらいで配達員もさして気にしないが、相手が村長様では気分的に滅いってしまう。

しかし、為三郎としては案外、配達員に時間を正確に守ることの大切なことを教えるつもりだったかも知れない。

ところで、家族としては命令された時間を厳守するのに苦労したが、猫の手も借りたいような農繁期でも、絶対に容赦しないのでネを上げたらしい。

なにしろ為三郎は、農業その他家事一切お断わりだから、いきおい妻のキセが中心となって家業をやらなければならない。

食事、風呂焚きの時間になると、どんなに遠い田んぼにいても家へ帰る必要がある。それでもキセは文句ひとつ言わず、夫に尽くしたが、そとに出れば男まさりの女丈夫。米俵を二俵も背中にくくりつけてはこんだ。働き盛りの男でも、一俵だけ背負うのが常識である。一口でいうなら口も八丁、手も八丁。村の男衆が女房を怒るとき、

「村長とこの奥様を見習え」

と言ったそうだ。

年寄りと子供四人の世話をしながら農業に励むので、為三郎は安心して村政に取り組むことができたのである。

なにしろ、そのころ村長は名誉職、ほとんど手当もなく手弁当。だからキセは、一家八人が暮らせるだけの収穫をあげなければならない。

世間のように、米俵一俵背負っていては間に合わなかったのではないか。耕作面積も並みの百姓の二倍ほど必要である。文字通り獅子奮迅の勢いでガムシャラにはたらいたのだ。いまは知らないが、戦前の農村にはそのような女性が存在していたのである。

そうした男まさりのキセは、当時の女性としては大きい方で百六十センチぐらい。肩幅広く見るからに健康そう。美人というほどではないが、独特の風情があって頭脳明晰、負けず嫌いであった。

夫の為三郎は並みの体格、女房と並んでちょうど同じくらい。生地が白いうえに野良仕事をしないから町場の人みたいで、なかなかの好男子だった。夫婦仲はむつまじく、見ている人の方でいささか照れる場合があるほどだった。また家系らしく為三郎もめっぽう酒好きで、飲みはじめると夜を徹することもしばしばだった。そこで頭脳明晰、女ながらも戦略家のキセは、とっておきの奇策をもちいることにした。

一晩じゅうになるかも知れん、と案じられるときは、博少年に目くばせをする。博少年は納屋に飛びこんで、「コケ、コケッコー」。すかさずキセは、

「あなた、もう一番鶏が鳴きました。役場へ行くまでひと眠りしましょう」

とさりげなく勧告すれば、盃を投げ出してフトンにもぐりこむ。

博少年長じて「いくさの神様」になるわけだが、この血は案外、母親キセの方から受け継いだものかも知れない。

酒の魚はドジョウが好物、というより目がなかった。タテのものを横にもしない性格だから、自分で川に入るなんてことはしない。

博少年の日課になっていた。学校から帰るとカバンを縁側に放り出し、ドジョウ採りの道具を持って駆け出すのだ。

ビクは腰に吊り、ジョレンの半分ほどに金網を張ったやつで、水中の草むらあたりをゴソゴソやって引き上げれば、人差し指ほどのやつが、金網の上で身をくねらせているという寸法。

たくさんとれたときには、二銭の御褒美を頂戴する。当時、子供のお駄賃や御褒美は二銭が常識というか、通り相場であった。

博少年はこのなかから、いつもなにがしかを竹筒製の貯金箱に貯めて、小学校の卒業式に大枚一円八十銭を学校に寄付した。

並みのガキどもならキャラメルや大福餅に化けてしまうのに、貯めこんで学校に寄付するとは憎いほどの神経である。

学校がその寄付をどう処分したかはつまびらかではないが、きっと図書購入費にでも充《あ》てたのではあるまいか。

為三郎は、息子の博が幼年学校から陸士へと順調に階段を上ってゆくのが無上の楽しみであった。口数は多い方ではないから、子供の自慢話に類することは滅多にしなかったが、家族はもちろん隣り近所の者にはそれがはっきりわかる時期があった。

夏期、冬期と学年末の休みのころである。待ちに待った帰郷の日には、朝早くから表に出たり入ったり。ときには見晴らしのいい村境の道祖神まで出かけ、線香を焚いたり駅の方を眺めたりしてから家に帰る。しかし、列車到着の時刻には小一時間も間があるから、姿が見えないのが当然だ。

村人たちは、為三郎がそわそわ落ちつかなくなると、「博が帰ってくるぞ」と噂しあったものだ。

表の道路に出たり、道祖神まで行ってみたりしているうちに、白い煙を吐いて汽車が到着、軍帽と軍服が見えると為三郎は走り出す。家に飛びこんで書斎に端座。書をひもとく振りをしながら、全身を耳にする。

玄関の戸があいて、「ただいまもどりました」の声を聞けば、あわてて筆を持ち白紙に向かう。あたかも一句ひねっていた、という風情だ。明け方からの態度とうらはらに、待っていたというようすを見せなかったという。

さて、休みが終わって仙台へ帰るときも、見送りは座ったまま。玄関へも行かない。しかし、しばらく間をおいて道路に飛び出し、見えなくなるまで立ちつくしている。

息子の博は背中に親父の思いを感じているけれど振り返らない。そっと迎え、そっと見送る親父の性格や心が痛いほどわかるから振り返らないのだ。

博の心の中に、じいーんとなにかがこみ上げてきて、涙が出そうになる。祖父為吉の性格は、どこを向いているか分からないので「向無天神」と村人に言われていたようだが、父為三郎のニックネームは「北向天神」であった。

為三郎が結婚適齢期になったある日、為吉は屋根に登り、「あの方角がいい」と北の方のキセの生家を指したそうだ。あの方角がいいと言っただけではなくて、その家に出向き、キセを倅の嫁に決めた。

ずいぶん乱暴な話だけれど、根本家は由緒正しく村長の家柄だから、二つ返事で嫁入りが決まってしまった。

北を向いてこの方面がいい、と言ったので、北向天神が倅の渾名《あだな》になってしまった。

その為三郎は、昭和七（一九三二）年十一月、中風をわずらい、女房キセの手を握り、いや握る力はなく、ただ重ねただけ、回らぬ舌で、

「ひろしを……」

とつぶやき、目をとじた。

キセは昭和二十（一九四五）年八月、敗戦の混乱の中、不潔が原因で村内に赤痢が大流行、彼女も被害者となり、息子博の身を案じつつ昇天した。

そのころ当の根本博将軍は、張家口の邦人、軍人を後退させるべき手段をすべて完了し、

北京へ赴任するため飛行機の到着を待っているときだった。

軍人は国に捧げた身体とはいうものの、根本はせめて母親の死に水だけはこの手で……と思っていたが、かなわぬ夢であった。

しかし、キセの死をもっとも悲しんだのは根本の末子軍四郎だった。

アメリカ軍の空襲が激しくなったため、まさかのときを案じて末子軍四郎を、祖母キセのもとに疎開させてあった。

孫は子供より可愛い、といわれているが、キセもその通りらしく、目の中に入れても痛くない風情だった。軍四郎にしてみれば、空から突然、爆弾の落ちてくる悲しいご時世。頼れる者はおばあちゃんだけだった。だから、幾日も涙が止まらなかった。

根本家二十三代、つまり根本将軍の兄嘉瑞は家業の農業を継ぎ、そのかたわら、村会議員、郡立病院の役員などを勤めていた。旧家の跡取りはかならずといっていいほど、こうした名誉職にひっぱり出されるものだ。

彼は、母キセに似て体格が立派で力自慢。馬の背に米俵を載せるのに、並みの男は一俵ずつ乗せたが、嘉瑞あんにゃ（兄貴）は両手に一俵ずつ持ち、気合いとともに二俵を一度に乗せたという。当時の米一俵は四斗五升、六十八キロであった。だから両手に六十八キロずつさげ、「エイッ」とばかり馬の背まで持ち上げるのである。単に力持ちというだけでなく、持ち上げるときの呼吸がむずかしい。

米俵を持ち上げたことのある者でなければわからない。むずかしいものだ。嘉瑞あんにゃのは力仕事というより芸だ。

前に書いたが、キセも米二俵を背負って運んだが、それも百三十六キロである。いくら力仕事が得意といっても、生なかの体力では、とてもではないが運搬は無理である。

終戦まで、よく農村で米俵を背負ってはこぶのを見かけた。上り坂だと荷車が動かないので背負うわけだが、みんな一俵ずつだった。それでも背負う人は呼吸をあらげていた。

ところで昭和二十一（一九四六）年九月、鶴川の家へ返った根本は、仁井田村の生家へ帰還報告に行くつもりで旅装をととのえていたら、兄急死の電報がとどいた。わずか半日の差で兄の死に目にもあえなかった。

嘉瑞あんにゃは、弟の博が来るというので配給の酒を隣り近所から集め、裏の井戸に吊るして冷やし、いまか、いまかと弟のあらわれるのを待っていたのに、急に腹痛がはじまり、たった二時間の苦しみで生命を落としてしまった。

幼年時代は、二人の妹「せつ」と「つな」の子守りをさせられた。ドジョウ取りをやったのは、小学校に上がってから子守りのほかにやったことだ。

まだ小学校に入らないうち、「せつ」か「つな」かのどちらかを背負って学校に行き、毎日、窓から一年の教室をのぞいていたので、一年の課程はすっかり覚えてしまった。

信用しかねる向きがあるかも知れないので昔話をするが、農繁期になると、どこの家でも幼児の子守りには手を焼くものだ。田植えにしろ、養蚕にしろ、最盛期には子供のお守りどころではない。筆者は五、六歳ごろ、兄貴についてよく教室に入った。兄貴の机のかたわらに小さな座ブトンを敷いて座るのである。

騒ぎでもしなければ、先生はとりたてて目くじらをたてなかった。

一日じゅう座っているのは退屈だから、先生の話を聞くようになって一、二年の教科を自然に覚えてしまったものである。

根本は、あんにゃが冷やしてくれた日本酒を盃に落ちる涙とともに飲んだ。一升ビンが空《から》になるまで涙が落ちた。

根本家二十四代は嘉瑞の伜三郎が継いだ。家とともに家業の農業も継いだことが根本の心の支えにもなっていた。

「わしの生きてる間、もし米が食えんようになれば、三郎がいつでも送ってくれる」と家族にもそう言っていた。

それともうひとつ。根本は自分が東京で存在価値がなくなれば、仁井田へ隠遁しようとも考えていたらしい。

ピンチに強い男

根本家の家系、祖父母、父母、兄弟などを書いたが、それは、同家に伝わる人間の性格を知ってもらいたかったためである。いよいよ彼の幼年時代から晩年までを書いてみよう。

塾だ、偏差値だ、など成績に目くじらたてなかった戦前は、弟や妹をつれて登校なんて話をよく耳にしたものである。しかし、彼の場合は筆者が兄につれられて行ったころと同じ幼年期に、妹を背負って教室をのぞいていたのである。

一年の教科をマスターしたため、とくに願い出て普通より一年早く入学したそうだ。そのころ日本は、法律にがんじがらめにされることもなく、のんびりと暮らしていた平和な時代であった。

いずれにしても、梅檀《せんだん》は双葉より芳し……。幼年期に妹を背負い、教室をのぞいて勉強した博少年は、幼年学校――陸士――陸大とエリートコースを歩んで中将になり、終戦の翌年には故郷の土を踏んだ。

一方、幼年期、兄貴について教室に入り、門前の小僧になった筆者は、大学を出て新聞記者になったけれど、魔の赤紙が舞いこんで満州出征、予備士官学校に入っても卒業しないうちにソ連の侵入。捕らえられてシベリヤで三年三ヵ月、ソ連と民主グループの連中にさんざんこずきまわされて、生命からがら帰国した。おおかたの人間は筆者と似たり寄ったり、ただの人である。

夜間における田の水引きは、日本国中どこも同じで、大切な仕事だ。力仕事ではなく、小川の水をわが田に入れるだけだから朝晩、子供にやらせる家もあった。根本家では博の仕事と決まっていた。朝、登校する前に水を引き、稲に異常がないか、自家の田んぼの見まわりをする。夕方、また同じ手順で世話をするわけだが、他家の大人たちが母親のキセに、

「お前とこのわらし（子供）といっしょに水引きすると、どうもおらの田へ来る水が少な

い」

とこぼすことがしばしばだった。

博少年は、自家の田んぼより高いところにある田の所有者と同時にやるときには、水の取り入れ口を同じ大きさにした。また、自家の田より低い田の持ち主と組んだときは、水は低い方にたくさん流れるものだ、と説明して自分の方の取り入れ口を大きくした。

この戦術に、大人たちは気がつかなかったのである。

明治三十七（一九〇四）年三月、仁井田小学校高等科を卒業し、仙台の幼年学校を受験することになった。試験場は福島で、約五十人が受験したが、みな中学生で金ボタンの学生服。それにひきかえ博少年は、母が精魂こめて織った絣の着物で異彩を放っていた。

合格者は、博少年と会津若松から来た鈴木啓久という中学生である。鈴木はのちに陸軍中将となった。

ところで、幼年学校の入学式は西洋流で九月。それまでの五ヵ月を遊んで暮らしていてはもったいない。四月から八月まで、県立安積中学の聴講生となって勉強に励んだ。

安積中までは三里、メートル法なら十二キロ。徒歩通学だから、二時間半から三時間かかる。漠然と歩いては、それもまたもったいないと、一冊一円もする大枚の金を捻出して数学と英語の参考書を手に入れ、歩きながら勉強した。博少年が通学した小学校高等科では英語は教えないので、ローマ字ははじめてである。

しかし、〝読書百遍意自ずから通ず〟《どくしょひやっぺんいおのずからつうず》を信条とする博少年は、くり返しくり返し勉強し、ついには数字やローマ字が汚れ、かすれて見えなくなってしまった。車が飛び交う現代では、読書しながら歩く二宮金次郎スタイルなど、まるで見かけなくなったが、戦前は参考書を片手に、歩きながら勉強する中学生を見かけたものである。博少年は聴講生で五ヵ月通学しただけだが、同じ教室の本科生に小説を読むのが大好きな、いわば本のムシのような少年がいた。作家となった久米正雄である。

幼年学校に入ってしまえば檻の中の動物と同じで、勝手な行動は許されない。だから博少年の自由な振舞いは、この五ヵ月間にかぎられているので、勉学に家の手伝いに遊びに精魂を傾けた。

あるとき、兄の嘉瑞が、中学の同級生数人から橋の下へ呼び出されたと聞き、博少年は床の間の日本刀を腰に落としざし、河原めがけて駆け出した。待ち伏せしている餓鬼どもに向かって、

「あんにゃとやる前に俺とやれ」

と抜き身の刀を振り回す。それまで衆を頼んで気勢を上げていた餓鬼どもは顔面蒼白、尻に帆かけて逃げ出した。

それからというもの、「嘉瑞の弟はすごい。手出しすればぶった切られる」と評判をよんだ。そうして手出しをする者もなくなり、嘉瑞は悪童連に「兄貴」とあがめられるようになった。

博少年は評判の兄弟思いだが、度胸もすわっていたようだ。張家口の戦い、金門島の逆襲

など、正念場の度胸は、他の将軍たちと比較にならぬほどだが、そのクソ度胸はすでに少年のころ、芽生えていたらしい。

その年は、田植えのころから日照りつづきで、そのため田の水争いが各所でおこった。夜中に水を盗まれないよう博少年は、毎晩の見まわりをかって出た。

彼の持つ提灯の火を見て、お化けが出るとの噂が流れ、田んぼのあたりをうろつく者がなくなって夜まわりの効果が充分に達せられたという。他人の監視がなくなれば、博少年の思うがままに水を引けたのである。

＊

根本少年は明治四十二（一九〇九）年、幼年学校を卒業した。鍛えに鍛えられ、いつのまにか少年ではなくなっていた。筋骨隆々、鼻下の剃り跡が黒い。

そして明治四十四年、陸士を卒業、華北秦皇島独立守備隊長を経て陸大に挑戦した。

入学試験は数日にわたって行なわれたが、もっとも難関とみられているのはドイツ語の口頭試問である。試験場に入ると、ドイツ人の老教官がのっけに、

「ローレライの歌詞を知っているか？」

と言う。

ローレライと軍隊とはなんの関係もないので、その歌詞を知っているはずはない。根本は正直に、

「イッヒ、ヴァイス、ニヒト」

と答えた。ところが、その教官は、

「おお、イッヒ、ヴァイス、ニヒト、ゾルエスベ、ドィ、テン」

と指と身体で調子をとりながら唄い出した。その歌に酔ったようにしばらく唄いつづけてから、

「もう、よろしい」

と言い、この課目をぶじにパスしたと告げられた。

根本が答えた「イッヒ、ヴァイス、ニヒト」は、「私は知りません」という意味である。ところが、ローレライの歌詞の歌い出しは、「イッヒ、ヴァイス、ニヒト」であった。

根本は本当に知らないから、「知らない」と言ったのに、教官は根本が歌詞の最初の行を答えたものと思ったのである。教官の勘違いだった。それにしても、根本はじつに運のよい男である。幾度となくピンチに立たされながら、するりと切り抜けている。「ピンチに強い男」であった。

日本では「なじかは知らねど、心わびて」と訳され、歌われていたが、根本はまるで知らなかったのである。

つぎの部屋には試験官四人が待ちかまえていた。夕暮れどきで部屋には暮色がただよっている。その中央に、カイゼル髭の少佐殿が昂然と座っている。この少佐殿が筆頭試験官らしい。

根本はまずこの髭に敬礼した。ところが、なんと、

「貴様、陸軍礼法を知っとるのか……」

と怒声が飛んできた。

根本は、「しまった！」と思い、髭の横を順に見ると、一番右側に金筋四本に二ツ星の肩章があった。髭より偉い中佐である。とっさに、根本は、

「ハイッ、少佐殿のお髭があまり立派なため間違いました。申しわけありません」

と最右翼に敬礼した。

そこで四人の教官は大笑い。試験とは、ほど遠い雰囲気のうちにこの部屋もパス。

つぎの日は兵術である。試験官はのちに大将となった蓮沼蕃、試問は一つの山の攻撃法であった。

示された状況では、右翼からの攻撃が唯一、最善の作戦とみた根本は、黒板に詳細な図面をひいて説明をくわえた。

蓮沼教官は、

「この大バカ野郎、そんなことじゃダメだ。山は落ちんぞ、左翼からの攻撃をなぜ考えんのだ！」

と怒鳴る。根本は、

「いや、私は自分の考えが正しいと思います。これが最善の作戦であります」

「わからんやつじゃ。作戦のサの字も知らん。それでは負け戦とわかっている。なんという強情なやつじゃ」

と蓮沼教官は、机を叩いて作戦の変更をうながすけれど、根本は最後まで自分の考えが正しいと主張し、頑として自説をまげない。

気の強そうな教官も、ついにサジを投げ、

「貴様のような強情なやつははじめてじゃ。もう知らん。勝手にせい」

と言い、席を立ってしまった。根本は、

「今度という今度は不合格かも知れん。しかし、あの作戦が最善だから変更することはできない。いさぎよくあきらめよう」

と決心し、その夜、下宿の近くを散歩していたら、大道易者に呼びとめられた。

「試験は終わったし、暇つぶしに見てもらおう」――そんな気持になって易者の前に立つと、

「あなたは試験のようなものをうけたんじゃないですか?」

と言う。根本は内心、よくわかるものだ、と感心しながら、そんなことはおくびにも出さず、ただ笑っていると、さらに、

「今日は試験の出来が悪かった、と心配しているようだ。それが顔にも運勢にも出ている。しかし、それは取り越し苦労というものだ。安心しなさい。あなたの思い込みとはまったく反対。最高の出来だった。合格まちがいなし」

と励まされた。

そして、その翌日、受験生は一室に集められ、名前を呼ばれた。その連中は得意気に部屋を出て行く。いくら耳を澄ましても、根本の名前は呼ばれない。

タンに、

「終わり」と言われるまで、根本の名前は出て来なかった。「やっぱり不合格」と思ったト
「名前を呼ばれなかった者が合格。これから入校式を行なう」

と言われた。まさに吉凶はあざなえる縄のごとしである。

名前を呼ばれ、誇らしげに部屋を出ていった人たちは、かわいそうに帰隊の旅費をもらっ
て、しょんぼりと営門に向かう。その後ろ姿を見ながら、〝神の加護〟を思った。

根本が陸大に入学してから蓮沼教官が、

「あのとき、お前の意志の強弱を試験したのだ。だからお前が、はじめの意見をひるがえすよういろいろと仕かけてみたのじゃ。答えはあれでよかった」

と言うのである。ミスばかり重ねたのにもかかわらず合格したのは、どうしてだろうか。

喜びのほかに、そんな疑念が湧いてどうしようもなかったが、蓮沼教官の説明を聞いて釈然とした。

それにしても大道易者の見立てそっくりになった。なんとも凄い眼力の易者がいたものである。

中隊長と兵士の絆

大正十一（一九二二）年十二月、根本は陸軍大学を卒業して旭川の第二十七連隊第一中隊長として赴任した。北海道を管轄する第七師団司令部は旭川におかれていたが、全道一師団

であるため、本土の師団ではみられない強い団結があった。

兵と中隊長との連帯がもっとも尊重され、「兵は中隊長の命令を聞いておれば、万事円滑にゆく」という教えが基本となっていたため、兵への影響力は絶大である。

そこへ陸大出という輝かしい栄光を背に着任したのである。第一中隊の兵士たちから、尊敬と大いなる期待をもって迎えられたのはいうまでもない。

彼が着任した朝、練兵場には雪がつもっていた。連隊長永田小太郎大佐は、

「天皇陛下の命により、陸軍歩兵大尉根本博、今般歩兵第二十七連隊第一中隊長に補せらる。よって同官に服従し、その命令を遵奉すべし」

と宣言し、第一中隊全員の閲兵、分列式が行なれ、それが終わって、中隊の兵舎前にもどると、根本大尉は、つぎのような第一声を放った。

「私はただいまから君たちの中隊長である。中隊は軍隊の家庭であるから、私は君たちのおやじというわけだ。楽しい円満な家庭は繁栄する。第一中隊も中隊長、隊員が心を合わせ、大きな和をもっていささかもかくしごとのない、清らかな心で毎日ご奉公するようにしたい。ついては私的制裁について厳命する。本日ただいまより私的制裁は禁止する。軍隊生活になれていない初年兵は、地方の習慣を兵舎内に持ちこむこともあろう。軍務を怠るつもりはなくとも、古年次兵の目には軍務怠慢と映る場合もあるであろう。

かかる場合、古年次兵は教育に名を借りて初年兵に暴力を振るうことがある。初年兵の恐怖はつもりつもって怨念に変わってゆく。こうなれば、軍隊教育本来の目的を逸脱する恐れ

が大である。

古年次兵は〝陛下の御命令によりお前たちを教育する〟と称し、打ち、ちょうちゃくするようであるが、陛下は決してそのような暴力を命じてはいない。陛下の御名を借りて人道に反する暴力などもってのほかである。今後もかかる野蛮な行動をとる者あらば断じて放置しない。

どんな些細なことでも、中隊長は君たちの相談に乗り、中隊員全員と苦楽をともにするつもりだ。数日後には君たちの弟ともいえる初年兵が入隊する。どうか温かい心で迎え、苦楽をともにして欲しい。君たちも初年兵のとき、古年次にいじめられたことがあるだろう。自分たちがうけた不愉快な出来事を、弟たちに味わわせてはならぬ。

新しい伝統をつくろうじゃないか。初年兵いじめのない、さわやかな中隊をつくり、後世に伝えよう。以上」

軍隊の初年兵いじめは、根本中隊長の言う通りである。

初年兵いじめの先導者は、おおむね下士官候補生上がりの伍長、あるいはこの試験に落ちた兵長、上等兵あたりで、その実態は想像を絶するものがあった。

衣服の整頓不良、銃の手入れを怠ったなどの理由が主だが、初年兵が精魂こめて衣類その他の私物を枕もとに整頓しておいても、教練、作業などで内務班を留守にした場合、古年次がこれを崩してしまうのである。

銃にしても一生懸命、手入れして銃架にかけておけば、これに毛屑や砂をつけて手入れ不良と因縁をつけるのだ。いじめの対象は現代のいじめと同じで、己れと対局にある者が標的にされる。いじめっこはおおむね義務教育である小学校卒業程度。いじめの標的は中等学校卒業以上で将来、幹部候補生となり、将校に昇進すると思われる者である。

「立派な将校となるよう教育する」といじめっこは言うが、これはあくまで建て前で、じつは「近き将来、おれより偉くなる。いまのうちいじめてやろう」というのが本音だ。

私的制裁の代表的なものはビンタである。そのビンタも多くなれば拳が痛くなる。そうなれば上靴ビンタ。軍隊の上ばきは革製で、裏に大きな鋲《びょう》を数個打ちつけてあった。これでぶん殴られれば、鋲が皮膚を破り、肉を切る。そして……たいていはぶっ倒れて意識不明。だから、ビンタの途中で加害者の古年次は、

「こんなことでぐらつくんじゃねえ。両足ふん張れ」

と怒号する。上官には、「そうであります」式の軍隊言葉を使うくせに、初年兵いじめの場合は、がらりと豹変《ひょうへん》して、やくざそのもの。

命令通り、いくら両足をひろげてふん張っても抵抗はタブーだから、いつかは意識がうすらぎ、血まみれで倒れるのは必定である。

つぎは「鶯の谷渡り」だ。二段ベッドの柱によじ登り、

「ホーホケキョー」

なんとも哀しい風景だった。

そして各班回り。さんざんぶん殴られてフラフラになりながら他班へ行き、

「○○二等兵、銃の手入れ不良のため兵長殿から注意をうけました。つつしんで申告いたします」

と声をかぎりに叫ぶのだ。待ちかまえていた他班の古年次は、二段ベッドに寝そべりながら、

「まだ、まだ。声が小さい」

退屈しのぎだから三回でも五回でも、「もとへ。やりなおし」がつづく。

前にも書いた通り、いじめられっこはたいてい高、専校あるいは大学出だ。卒業まで徴兵延期の連中だから年をくっている。それが二十歳前後の若造に気合いをかけられるのだから屈辱感に襲われ、つらいのだ。

中隊に四班あるとすれば、四回もこの愚をくり返さなければならない。

さて、これで放免かと思うが、そうではない。銃架のところへ行き、銃をとって捧げ銃。「陛下から頂いた銃に対し、手入れ不良で注意をうけました。申しわけありません」どこの世界に、こんなバカなことをやらせる軍隊があるだろう。ありっこない。毎夜、食缶返納が終われば、各班でこのドタバタ悲劇がはじまるのだ。

ところが、将校は、こんな悪弊を見ても見ぬ振りをして「知らぬ顔の半兵衛」をきめこむから、古年次はますます増長する。

根本のように、軍隊のガンともいうべき、この私的制裁に着目し、真っこうから立ち向かった将校は少なかっただろう。

翌年の秋季演習のさい、大隊長は第一中隊の突撃を命令した。ところが、根本中隊長は、

「いま、突撃してもやられるだけです。右に機関銃、前方に相当な兵力が待機しております」

と作戦変更を具申している。

その演習はきわめて強行軍であったため、落伍者が続出した。演習が終わって営門前へ帰着するや永田連隊長は、この落伍について激怒し、声をあらげて兵を叱責した。

ところが、中隊の舎前に帰ると、根本中隊長は連隊長とはまったく反対で、

「わが第一中隊の兵はよくやった」

と褒《ほ》め、そして、

「二日間の慰労休暇をあたえる。その間、充分に英気を養え」

と申し渡した。

永田連隊長と根本中隊長では、兵の操縦法がかくも違うのである。

それからまもなく、各中隊の野外演習があった。根本中隊長は、

「今日は兵隊全員が魚釣りをやれ。ただし、一匹も釣れんやつは承知しない」

と言い、彼は生田中尉とともに地図をひろげて作戦に余念がなかった。

魚を釣って炊事班に提供するわけではないから、たくさん釣る必要はない。魚釣りを楽しめばいいわけで、だからこそ、三尾かかれば適当に切り上げ、図面戦術の周囲に集まって来る。それを見越したのか、中隊長はビール四ダースほど用意してあった。

いかにも酒好きな根本中隊長の作戦らしいが、午後三時までに、そのビール四十八本を平らげてしまった。兵のストレス解消である。

ともあれ、ケタはずれの中隊長は大きな身体、その大きな腹の横に陸大出を示す天保銭の記章が光っていた。だが、牛乳ビンの底みたいな厚い眼鏡がなんともユーモラスであったそうだ。根本が赴任したとき、二年兵だった連中のいよいよ除隊が迫ったある日、約一時間も社会生活についての注意をあたえたという。除隊後の指針まで示す中隊長はまったくなかったようだ。

だが、その根本中隊長も、在任わずか一年で参謀本部へ栄転が決定したとき、さきに除隊した兵から申し入れがあって、旭川から道南の函館まで旅をした。みんなその思い出を胸に秘めてそれぞれの人生に船出したのである。

それから時がたって昭和十二（一九三七）年五月、旭川から根本連隊長が釧路市青年学校の教練の査察に来るむねの新聞報道があった。かつて彼が旭川連隊の中隊長を勤めたとき、その部下であった杉浦正信がこの記事を読み、とるものもとりあえず根本連隊長の宿泊する旅館を訪ね、二人で飲み明かした、という。

その年の八月一日、杉浦は充員召集をうけ、十四年ぶりに懐かしの第二十七連隊に入営することになったが、その前夜、官舎に根本連隊長を訪ねたところ、

「ホウ、お前も召集されたのか」

と温かく迎えられ、二時間ほど戦場の心得を教えられた。

「いいか、戦いは最後まで捨ててはいけない。もうダメだと感じたら、深呼吸をして、それからおもむろに立ち小便をしてみろ。小便が出るようなら大丈夫。かならず道が開ける」

人間は窮地に追いこまれると、小便をチビることがあるが、根本連隊長の教訓は、それではなくていつもと変わらぬように前へ飛べば大丈夫だ、というのだ。その言葉の裏をさぐれば、窮地に立っても、小便が前に飛ぶような度胸をつけろ、というわけである。

杉浦は華北の部隊に派遣され、四年目の春を迎えた。敵に包囲されて小隊は、全滅の危機にさらされた。そのとき、根本連隊長の教訓が頭に浮かび、大きな深呼吸を数回くり返してから立ち小便をしてみた。

ところが、なんと小便は勢いよく前に飛ぶのである。それだけではない。いつもと同じぐらいの量が出たのである。ということは、その間は敵に姿をさらしていたわけである。

部下たちは杉浦の身を案じ、「危ない。危ない」と叫ぶが、〝出ものはれもの所きらわず〟だからどうにもならぬ。最後のひとしずくまで悠々と立っていたが、敵は発砲しなかった。悠揚迫らざる行動にあきれたのか、そんなポーズが敵の好みに合ったのか、攻撃を仕かけてこない。小隊はぶじ、本隊に合流したそうだ。

その年の十一月三日、杉浦は北京郊外にある宋哲元兵舎跡に駐屯し、柳営門哨所の警備を担当していた。

その日、侍従武官が派遣され、歓迎の式典があった。その式が終わって、二十数名の将軍が車をつらねて営門を通過するが、そのつど敬礼を欠かせない。一点を凝視したままだから、どれがだれやらさっぱりわからない。ところが、その中の一台が停車した。後ろにまだ十台ほどつづいているのを承知で停車するところをみると、よほどの大事件があったのだろう、と心配しながら見ていると、威風堂々の少将が下車した。根本将軍だった。杉浦の肩を叩き、

「オウ杉浦、元気のようだな。しっかり頼むよ。遊びに来い」

と言う。少将は将軍閣下である。一般将兵からは雲の上の存在だ。その将軍が車を降りて逢いに来てくれたのだ。体じゅうが熱くなって、そして懐かしさがこみあげてくる。

遠ざかってゆく車を、杉浦はいつまでも見つめていた。

その根本が国府軍救援のため蔣介石に招かれ、そしてその付託に応えてから帰国したと、杉浦が聞き、同年兵の大上、新谷、田島らとともに将軍を北海道に招こうと昔の仲間に呼びかけ、昭和二十八年五月、老兵十余名が札幌に集合、根本を迎えた。

密航をしてまで蔣介石の恩義に報いた、という人だけに、大勢の新聞記者がつめかけた。

そのインタビューから解放されてから、旭川第二十七連隊第一中隊の兵士だった人たちと三十年振りの親子水いらずの対面となった。大正十年兵だから、その十をとり、根本の根とくっつけて「十根会」という名の会をつくった。

根本は、「終戦時、蔣総統の助力があって、日本の天皇制は保持されるとともに国土分割もまぬがれた。また、百万の日本人もぶじ、故郷の土を踏むことができた。その恩義に報いるため、法を犯してまで台湾に密航した」と言い、「おれはお前たちの成功を喜ぶとともに、お前たちを一選抜《いっせんばつ》で進級させたことが誤りでなかったと思う」と目を細めていた。

十根会は毎年一回、北海道の各地を持ちまわりでひらかれ、将軍との懇談を楽しんだ。

「昼行燈」の真骨頂

これまで根本将軍の人柄だけが表面に出てしまったが、学問の成績はどうであったか。茫洋とした人柄の人間は、ほどほどの成績と思いがちだが、彼は陸大一年修了時に第一席、つまり一番であった。二年は第二席、そして卒業の三年となるわけだが、その修了前、恩賜の軍刀候補者に列せられていたのに、そのドタン場になって風邪をひき一ヵ月ほど休んでしまった。第九席である。

卒業のさい校長から、「朝敵に恩賜の軍刀はやれぬ。その代わり外遊させてやる」と言われたそうだ。前にも書いたが、幕末に会津藩は朝敵であったため、福島県全体がそうした見方をされていたのである。

さて、彼は陸大卒業後も東京にとどまるをよしとせず、地方、とくに遠隔の地を希望して旭川の歩兵第二十七連隊の中隊長となり、昭和十一（一九三六）年、ふたたび古巣の二十七連隊へ赴任した。このときは連隊長である。

そのころから彼は、部下将兵の身体、食糧などに意をもちいたが、なかでも安い魚の骨を乾燥器にかけて粉末にし、ゴマや青のりなどを混ぜ、ふりかけにして食べさせた。カルシュウムの補給のようであった。

なかでも洗濯機の発明は驚きである。日本で洗濯機が普及したのは戦後であった。それまでは手でゴシゴシ揉《も》むか、洗濯板にこすりつけるか、そんな方法しかなかった。演習で疲れた体、しかも不慣れな洗濯に取り組む兵の姿を見ているうち、一度に大量の洗濯ができる機械をつくろうと思い立ち、廃品を活用してモーターでまわる、いわゆる攪拌式の大型洗濯機を考案した。

その機械で一度に六百名分のシャツを洗うことができた、という。

かつて兵が洗濯に要した時間を利用して食糧の自給自足を考え、休耕地に野菜をつくらせた。夏は間食としてトマト、瓜類を生で食わせ、他の部隊にもくばるほどだった、という。

昭和十六(一九四一)年、関東軍の第一師団長となり、満州の東安に赴任してからは軍馬の糞に目をつけた。深い穴を掘らせて、馬糞を入れ、踏み込むと、醱酵して驚くほどの高熱を出す。その馬糞の上に泥壁の家をつくり、油紙の障子をはめて温室をつくった。

冬の厳しい寒さのなか、この温室で野菜栽培をはじめた。

十一月から四月までの冬季間、満州の部隊では生野菜を食うことは至難の業であったが、根本の部隊にかぎり、緑の野菜を食えるので格段に体位が向上した、という。

これまで書かなかったけれど、じつは陸士時代、「昼行燈」のほか「暗闇の牛」というあまりありがたくないニックネームをつけられていた。だが、その茫洋とした雰囲気の奥に深い考えを秘めていたのである。

旭川の歩兵第二十七連隊中隊長から参謀本部付になった。大正十二年のことであり、階級は大尉である。参謀本部付で大尉だから、将官令嬢との縁談話もあったが、親の七光りで出世したと言われては、男がすたると思い断わっていた。ところが、縁あって高輪の郵便局長の娘、錫と結ばれることとなった。前にも書いたことだが、「おたがい裸一貫、嫁入り支度は不要」と言ったが、まさか参謀本部付大尉がそれではすむまい、と錫は思っていたらしい。だが、彼はその言葉通り軍用行李がただ一つ。衣類は軍服と母が織ってくれた絣一枚だけ。女性にしてはものに動じぬ錫も、これには驚いたらしい。

*

大正十五（一九二六）年、根本は参謀本部付少佐で南京駐在武官となった。

そして昭和二（一九二七）年三月二十四日、南京事件が起こり、英、米の領事館同様、日本大使館も国民革命軍の襲撃目標となった。

大使館は海軍の陸戦隊が守備していたが、革命軍はそれを破って侵入し、二階にいた根本は銃剣を突きつけられ、金庫の扉を開けろと強制された。

幸か不幸か、金庫の鍵を持っていたのである。重要書類の保管を大使館に頼み、合鍵を渡されていたのだ。

「いかなることになろうとも、鍵は渡せない。自殺しよう」

と窓から飛び降りようとしたが、襲われたときに牛乳ビンの底みたいな眼鏡を落としてしまったから、さっぱり見当がつかない。それでも眼下にボーと白く光る箇所があるようだ。舗装道路と判断した根本は、頭から真っさかさまに突っこんだ。窓を離れる寸前、腹と足を銃剣でブスリと刺されたが、そのまま落下したのである。

気がついたときは、あのときからすでに一昼夜以上もたっていた。舗装道路と思って突っこんだところは水槽に張ったトタン屋根で、その上に落ちたが、トタンにはじかれて路上に転落、出血多量のため虫の息であった。

張、黄二人のボーイが根本を発見し、素早く地下にかくして救援を求めた。

銃剣で刺されたが、運よく腸をはずれていたし、足の傷も後遺症となるほどではなかった。かくて金庫は守られ、軍の機密は保持された。内地には殉職と報じられたため、錫夫人をはじめ家族はひどいショックをうけたようである。

「陛下の御ため、国のため、この身を鴻毛の軽きにおきて……」

などと将校が口では言うが、建て前と本音は大違い。ところが彼、根本は機密を守って身を投げたのである。まさに武士道の権化、いさぎよい行動であった。

この事件があった二十四日という日は、根本にとって因縁の深い日である。

明治三十七（一九〇四）年、根本は仙台幼年学校に入学したが、その翌年、遠泳があって、根本と生徒一名が溺れてしまった。その生徒は将校の子供であったが、ついに蘇生しなかった。一方、生命を取りとめた農家出身の根本に対して、「反対ならよかった」とささやく人があったそうである。この日は七月二十四日であった。先に書いた南京事件当日も二十四日、
そして昭和四十一年五月二十四日、ついに天国へ旅立ってしまった。

錫の父、松原鎌吉が亡くなったのも二月二十四日であり、彼女にとって二十四日は因縁深

い日である。

昭和九（一九三四）年、大佐に進級、陸軍新聞班長に就任した。国家権力による言論統制がはじまっていたが、まだ初期のためか、あるいは根本大佐の人柄のせいか、言論統制の対象である文士、報道関係者との交流が多かった。とくに直木三十五、久米正雄、三上於菟吉、菊池寛など有名文士と親交があった。

卯歳の文化人が卯年会をつくり、親睦をはかっていたが、根本大佐もメンバーであり、また菊池寛は三つほど年長であったが、サバを読んで入会していたという。

二・二六事件の前夜、つまり昭和十一（一九三六）年二月二十五日の夜も、卯年会を赤坂の料亭で催したが、酒に目のない根本大佐は大いに盛り上がり、足腰立たぬほど泥酔して、翌朝の出勤はだいぶおくれてしまった。

＊

皇道派の青年将校は二十六日朝、出勤する根本大佐を陸軍省で待ち伏せていた。昼近くになってもあらわれないので、「新聞班長は出張」と早合点して引き上げてしまったらしい。根本大佐にとって酒は救いの神であった。またも危機を脱したのである。

生命にかかわるほどのピンチに追いこまれてもかならず救われる。そんなことは十指にあまるほどだ。「ピンチに強い男」という言葉があるけれど、それは根本のためにつくられた言葉とも思えるのである。

話は飛ぶが、東條英機が陸軍大臣に就任したさい、「まずいことになるかも知れぬ」と判断した根本は、満州から、「陸軍次官になりたい」と電報で懇請した、という。「根本のような硬骨漢が次官になったら、仕事がやりにくい」と陸軍省内で反対を唱える者があり、結局、この請願は握りつぶされてしまったらしい。

「もしも」という仮定を立てることは歴史を語る場合、ひかえるべきことだが、あえてこのタブーを破り、「もしも」を許してもらえるなら……。もしも根本があのとき、陸軍次官に就任していたら参戦、そして敗戦という悲惨な事態が起こらなかったかも知れない。

しかし、もし彼の懇請に軍が動かされて次官に就任し、前記のように戦争を避け得た場合はめでたい結果となるが、根本の参戦反対にもかかわらず、東條が翻意しなかった場合、東條と同様、戦争犯罪人として極刑をまぬがれ得なかったのではないか。

東條の思想や性質、行動をあわせ考えると、後者になる公算が大であった。くり返すが、「禍福は糾《あざな》える縄のごとし」である。

＊

昭和十二年七月七日、蘆溝橋事変が勃発し、華北は動乱の巷と化した。軍の参謀本部では、華北の軍政の安定には王克敏を擁立し、華北臨時政府の樹立が必要であると考え、その樹立の大任を、翌年早々、根本少将に命じた。

その出発に当たって、参謀本部から、「華北の臨時政府樹立に関する必要経費」についての質問があった。彼の見通しでは、百万円もあれば臨時政府を樹立できるのだが、当時、官庁に提出する予算はおおむね半分に削られる慣習があったため、「二百万円は絶対必要」と吹っかけた。

ところが、案に相違して、「それっぽちでやってくれるのか」と大喜びである。さっそく、軍資金二百万円は、横浜正金銀行から同行北京支店に送られることになった。

工作資金はそうした経緯で手に入ることになり、充分すぎるほどだが、内地を出発してから途中の費用が気にかかる。

飛行機であっという間に着く現代とちがって、黒煙もうもうの汽車に乗り、そして船に乗り、また汽車に乗っていかなければならない。

根本は懇意にしている望月軍四郎を訪ねた。望月は兜町で指折りの成功者といわれていた。鼻もちならない立身出世型のやり手が多いなかで、成功者としては珍しく温厚で世話好きであった。そこを根本は見込んだのである。

望月邸を訪ね、「金は充分にあるが……」と前置きして、華北臨時政府樹立の重要性とそれに要する軍資金はすでに用意されたことなど、いままでの経過を説明した。

しかし、望月には釈然としない部分がある。

「軍資金がすでに用意されているというのにどうしてだろう。あなたの任務は公的なもの。だから国家予算でいいではないか?」

「軍資金はわしの見積もりの二倍である。しかし、これは公の予算だ。わしの私的消費は別である」

二人の間でそんな応酬があった。根本は酒好きで、だから破目をはずすこともある。現地に到着するまで、あるいは任地に滞在中の飲み代《しろ》が欲しかったのではないか。

太っ腹な望月は、

「金がないから貸してくれ、という人は多いけれど、ありあまるほど金はあるが貸せ、と言う人ははじめてだ。変わり者だとは思っていたが、それほどとは、なんぼなんでも……」

と驚きながらも、現金一万円を用意してくれた。

木造なら一千円で三十坪前後の家を一軒建てられる時代だ。その十倍である。現在にすると、檜、杉、ツガ混用で同じ建坪の家が一千万円。したがってその十倍なら一億円。個人の貸借で、しかも担保なしである。常識はずれの行為だが、根本が望月に信頼されていただけではなくて好かれていたのである。

華北臨時政府を立派に樹立し、帰国したが、経費は七十万円ですんだという。ときどき側近に臨時政府樹立にまつわる自慢話をしたそうだが、その話の裏には、「お前たちがなりふりかまわず尽くしてくれたおかげだ」という感謝の意味があったのである。

そんなわけでぶじ帰国した根本は、さっそく、望月を訪れ、使わずにすんだ一万円を借りたときの封筒のままポケットから取り出した。汗でむれて、くしゃくしゃになっていた百円札を百枚、そっくり返した。望月は、

「あなたにあげたつもりだ。受け取れない」

「使わなかったから返すのだ。ネコババはできない」

などと押し問答の揚句、望月はしぶしぶながら受け取った。

おそらく根本は、任務のため東奔西走し、席の暖まる暇もなく私的な宴を張れなかったものであろう。だから、虎の子の一万円は手つかずであったわけだ。

さて、この大任を果たしてからまもなく、華北連絡部次長として赴任した。

あるとき、中国人の細工師の親方が根本少将を訪ね、「職人に給料を払えず困っている。翡翠《ひすい》の香炉を買っていただきたい」と言う。約一千円で買いうけ、帰郷の折り、それを持ち帰り、世話になった望月に贈った。

望月は、それほど高価なものとは知らず気安く頂戴して客間に飾った。なぜか、そのころ政財界有力者の間で、骨董品の展示会が流行《はや》りはじめ、たまたま望月も件《くだん》の香炉を出品したところ、「万を越す逸品」と評判になり、ようやく望月もその真価を知ったのである。「もらうには高価すぎる」と気づいたらしい。ちょうど華族の家で骨董品を売り出しており、望月は備前長船の名刀を手に入れ、根本に贈った。根本はそれを軍刀につくってつねに帯同していたが、戦後、幾変転の末、ハートレイ米大佐の手に渡り、昭和三十九（一九六四）年十二月二十一日、NHK「私の秘密」で奇しくも根本に返還されたという。

酒・賭・釣

随所に酒の話が出てきたので、酒を中心に趣味といったようなものをまとめてみよう。

根本を知る者ならば、根本といえば酒、酒といえばかならず根本を思い出すといわれている。それほどの酒好きであった。

壮年時代の彼は、文字通り酒に明け、酒に暮れたが、その酒でよい友と部下を得、幾度かピンチを乗り切ることができた。その酒も己れの懐ろでまかない、ビタ一文、公金に手をつけるようなことはなかった。本当の酒呑みである。

いわゆる酒の位は、陳宝琛が根本に贈った「酒量且多」の書にあらわされ、その酒量は、「海量淵深」と王揖庸が書いている。好みでいえば日本酒は辛口、ウイスキーはジョニ黒。ジンでもウォッカでも老酒でも強いものが好きだったらしい。

しかし、北京から帰国した昭和二十一年、内地は食料はもちろん酒もキップ制。それも雀の涙ほどで、大酒家の彼にとってはもっとも辛い時代ではなかったか。

昭和二十八(一九五三)年、根本は関西へ旅行した。そのころ酒も出まわり、自由販売になっていたから、帰りの汽車でも充分に盃を傾けた。

小田原駅で小田急に乗り換えるはずが、小田原を乗り越し、東京駅に到着。国電でどうやら新宿駅までは来たが、そこで間違えて急行に乗りこみ、ぐっすりと寝込んでしまった。新宿――小田原間をなん回往復したか分からない。目が醒めたときは車庫のなか。鶴川の自宅にたどり着いたときは予定より丸一日おくれていた。それでも彼は天下泰平、動ずるところはなかった。

やはりこの年であるが、根本は酩酊して、望月家を訪れた。さきに書いた軍四郎もその子伝次郎もすでに亡く、孫の金蔵が望月家を継いでいたのである。

子供たちは、日焼けしたよっぱらいに驚き、「インド人のバイヤーが来た」と取りついだ。

そのころ、外国のバイヤーという言葉が流行していた。そのころはまだ日本は復興途上で、輸出より輸入の方が残念ながら多かった。「外国人が売り込みにやって来る。日本に来る外国人はみんなバイヤーだ」と言われていた。きわめて短絡的な表現だが、子供はそれを鵜呑みにしていたのである。

金蔵氏が玄関に出て見ると根本であった。

そこでまた盃を重ねた。酔うほどに長女のりの話になった。のりは結婚適齢期を迎え、父親の根本はそれが気にかかっていたのである。

金蔵の家には、彼の妻君の弟、富田民雄が同居していたが、これも嫁さんをもらう年ごろになっていた。

「いっしょにしては……」という根本の発言に、金蔵夫妻も多いに乗って、トントン拍子に話がまとまり、まもなく、のりと民雄は結婚した。

泥酔して小田急線新宿、小田原間を幾度も往復した根本だけれど、可愛い娘のことは片時も忘れなかったのだ。

つぎは賭けごとだが、北京時代、中国人とマージャンをやったことがある。中国では大勝負が日常であり、ときに土地財産、政治生命まで賭けるほどで、根本の腕では勝負にならない。一夜にして千金を失ったらしい。

そのときを境にパイを手にしなくなった。だから勝負運に恵まれていなかったか、というとそうでもないらしく、前にも書いたが、アメリカ、ドイツへ出張したさい、モナコでルーレットに手を出し、まず一千フランを張ったところ三十六倍になった。そのままふたたび張ったら、また三十六倍になった。

彼は鷹揚で金勘定をしないので、側近が計算してみたら、元金の千二百九十六倍、金額なら一千フランが百二十九万六千フランである。それをまた張れば負けがこむこともあり得るが、彼は手もとに転がり込んだ、とてつもない金を見てうんざりしてしまったらしい。並みの人間なら、もっと、もっと、と欲をかくところだが、彼はおびただしい紙幣を見てはこぶのがわずらわしくなってしまったのではないか。

ともあれ根本は、六ヵ月のヨーロッパ旅行中に、同行者とともにこの金を全部つかい果たして、スッテンテン。横浜入港のさい五百円ほど足が出た。

電報で金策を命令された夫人錫が、実家より借りて晴れの帰朝を出迎えたという。それにしても、大学卒の初任給が五十円前後のころである。錫は辛い思いで、実家に駆け込んだものと思われる。

利子だけでも遊んで暮らせる金額である。並みの人間なら〝定年退職後のために〟などとセコい了見を起こすところだ。ところが、彼は賭けごとで転がり込んだ不浄の金で暮らせるものか……。彼の一生を貫いた思想であった。武士道というべきであろうか。

さて、人間の経済生活にとって大切な金であるが、いままでにもしばしば書いたように、彼は金に対してきわめて恬淡《てんたん》としており、あまった金は全部使い果たす人であった。金を儲《もう》けるとか、残すとか、世間並みのことはまったく不得手であった。

らしい。

昭和四（一九二九）年、軍務のためアメリカに向かう船中で、ライオン歯磨の幹部である某氏夫妻といっしょになった。落としたのか、手違いか、その夫妻は船中、金に不自由した

根本はさっそく五百円を用立てたが、サンフランシスコ到着と同時に返金された。しかし、そのことがいつまでも忘れかねるとみえて、「わしは大金持ちに金を貸したことがある」と自慢していたそうだ。まことに天真爛漫。彼の性格がそのままあらわれている。無邪気というほかない。

つぎは昭和三十（一九五五）年の話である。都内で釣り堀をはじめた知人から金策を頼まれたが、もちろん貸せるほどの金はない。知り合いの中国人を紹介し、釣り堀屋は数十万円を借りることができた。

ところが、約束の期日になっても返済しない。責任を感じた根本は、ラッコの毛皮の外套《とう》を貸し主の中国人に提供したのである。

簡単に入手できない品物で、彼の持ち物のなかではもっとも値が張り、大切にしていたのである。手離すとすれば、二百万は下るまいという高価な外套であった。

根本の趣味といえば釣りだが、それにたどりつくまでに彼らしい一つの挿話がある。

若いころから射撃は得意で、幼年学校、陸士、陸大を通じて射撃はいつも最右翼であり、満州では鴨や雉を撃った。

昭和十六（一九四一）年、関東軍第二師団長で満州国東安にいたころのある日曜日、遠出

をして雉を射ち落とし、帰りにその獲物をトラックの荷台にかけて走っていた。道中、気がつくと空中から別の雉が一羽、悲しげに鳴きつつ、トラックを追って離れない。おそらくつがいの片方であろう。つれあいの死をいたみ、その亡き骸に取りすがる人間の姿が脳裡に浮かんだ。

そのときをかぎりに狩猟をやめた。その代わりといってはなんだが、釣りをはじめたのである。

鉄砲をかまえた人間が狙っているなどとは知らずにいる鳥獣を不意撃ちにして殺傷するのはよくないことだが、向こうから餌に飛びついて来る魚は、釣ってもよいというのだそうだ。魚を釣るつもりで餌をつけたのだから、犯意においては変わりないわけで、聞く者にとっては釈然としない部分もあるが、おそらく、釣りの場合、釣られた魚の後を追う仲間はいない。鳥のような悲しいシーンは見ないだけでも救われるという思いがあったのではないか。

北京から帰って台湾にわたるまでは、鶴川付近の小川や多摩川、たまには海に出かけることもあった。しかし、台湾から帰ってからは行動半径が伸びて多摩川、相模川をはじめ、方々の川や池に出かけ、また行徳のボラ、水郷潮来の鮒もこころみるようになった。

茶がらをまいて糸みみずを飼育したり、芋をふかし、すりつぶして、いりぬかと団子にする「ねり餌」。その芋のふかし加減、ぬかの分量など、前日の支度もまた楽しみのようであった。新宿伊勢丹のウニをまき餌にしたらハヤがよく釣れたといって、毎日、伊勢丹までウニ買いをつづけたこともあるという。

釣り糸をかさねながら、根本は、中国大陸や蔣介石ら国府軍の将兵に思いをはせていたのではないだろうか。

京洛の秋

昭和四十（一九六五）年十月、根本は関西へ旅行した。目的は元華北政府主席王克敏、元華北政府顧問山本栄治両名の二十五周年忌法要が京都の妙心寺で行なわれた。

妙心寺は臨済宗の大本山であり、管長の古川大航師は、かつて大陸を巡錫した経験がある。九十八歳であるが、往年の意気衰えず、なおかくしゃくとしていた。

老師は一山を挙げて殉国の英魂に対し、その冥福を祈念し、ねんごろに菩提《ぼだい》を弔った。

根本は追悼文を読誦したが、茫洋たる態度、訥訥《とつとつ》として語る、その言葉のうちにあふれる真情は昔と変わらず、多くの参列者に感動をあたえた。

追善供養が終わって、秋色たけなわの山内に一泊、翌日は寂光院、三千院など紅葉の東山連峰をまわって京洛の秋を満喫した。

その夜はかつて台湾へ同行した吉村邸にくつろぎ、翌日、新幹線で帰京した。

ところで、根本の長女のりと二十八年に結婚した富田民雄の実父は内務省の役人であったが、脳溢血のため執務中に倒れ、まもなく死亡した。酒好きだったから酒が原因であると思った民雄は、それ以後、酒を絶ったのである。しかし、義父の根本と合ったとき、禁酒の決意を破り、二人でブドウ酒二本をあけ、悪酔いをして吐いてしまった。

これを見た義父に、「安い男じゃのう」と言われ、ふたたび酒に親しむようになった。「なにくそ」という反発心が手伝ったのは事実だが、もともと酒を愛していたから、坂道を転がるような早さでもとの状態にもどったのである。

勤め先の会社では酒呑み番付の三役に入るほどだが、仕事の面でも交友関係でも、酒が知らぬうちにプラスとなっていることが多く、これこそ義父の薫陶《くんとう》の賜物と感謝しているそうだ。

思うに根本という人物は、じつに徳な性格であったのだろう。

ついでだから根本の〝薫陶〟について書くと、富田は結婚後まもなく、身体検査で結核と診断されたが、そんな病気とは無縁と思っていただけにショックは大きかった。

医者は、「即刻入院せよ。手術しなければ生命が危ない」と言うが、入院は嫌いだ。思いあまって義父に相談したところ、「病は気から。心配するな」と酒をすすめる。

それで精神的にはだいぶ楽になって、「入院はしない、会社は絶対に休まない、酒は気にしない、煙草も好きなだけのむ」と決めて、会社には平常通り出勤した。

ただし、ストレプトマイシンだけは一年間打ちつづけ、レントゲン写真は、三ヵ月ごとに撮って病状を調べたそうだ。

それからたびたび転勤もあったが、子供は三人もできた。

十年目にレントゲンを撮ったところ、結核はみごとに全快していた。そのうえ、血圧も肺結核の宣告をうけたときとはちがい「正常」といわれた。

富田は、義父の言った通り「病は気から」であるとしみじみ思ったそうだ。いわしの頭も信心から……心の外に神や仏があるのではない。心そのものが神仏ともなり鬼ともなる。いわしの頭のようなつまらないものでも、一心不乱に信仰する者にはそれが立派な神様となる。という意味である。さしづめ富田は、義父の言った「病は気から」を信奉し、生きるための金科玉条としたため、酒や煙草の害などけし飛んでしまったようだ。

富田にとって義父根本博も、また神のごとき存在であった——。そう思ってまちがいないようである。

根本博という人物とその足跡を追う場合、かならず出てくるのが酒との深いつながりである。それも天衣無縫、無邪気な出来事ばかりだ。

正月は親戚、縁者が鶴川の根本宅に集まるのが恒例になっていた。その年も鶴川で大いに呑み、根本も、富田も、泥のように酔っ払い伸びてしまった。

二人とも泥酔した場合、翌朝の目醒めは早い方である。夜と朝の境目ごろには目があいた。電気をつけて厠へ行こうと立ち上がったら物凄い惨状。二人ともあっけにとられて顔を見合わせる。

二人が眠った部屋は客間であるが、その床の間から廊下にかけてぐっしょり濡れている。畳が完全に吸い取っていないところをみると、まだその行為からときがたっていないはずだ。それに妙な臭いも立ち昇っている。小便だった。

そこでまた二人は顔を見合わせた。二人の赤目は相手を批難し、攻撃している。ちょっと

間をおいて、

「犯人はお前だ！」

根本が攻撃を開始した。言葉の弾丸が娘婿に向かって連続、発射される。

富田も黙ってはいられない。婿の遠慮なんか捨てなくては犯人にされてしまう。

正義の論理、を組みたてて、婿は義父に嚙みついた。

「ぼくじゃない。おとうさんだ！」

「なんでわしが寝小便しなくちゃならん。断じてお前だ！」

「子供のときだって、しものくせはよかったそうです。それがなんで大人になって……」

「いや、違う。お前は子供のとき、ちょくちょく寝小便をたれたそうだ」

「ぼくはおとうさんを尊敬しています。しかし、だからといって、こんなことだけは背負いこむわけにはいかない。それにぼくはあんなにたくさん出ません。お父さんの方が身体が大きいでしょう。だから、その身体から出る量も当然多いはずです」

「身体の大小と小便の量とは関係ない。それにお前、ゆうべはウイスキーの水割をすごく吞んだぞ」

いつもおうようにかまえているおやじにしては、攻撃も守備も見ちがえるように頑強である。だから、やっぱり犯人はおやじだ、とおそまきながら気づいた富田は、鉾をおさめてしまったらしい。尊敬する義父の恥ずかしい過失を、ことごとく肩代わりしようと決意したためであった。それでおやじは安心したのか、あるいは己れの良心に納得させるつもりか、

「床の間の濡れた足跡、わしのより小さい」

とつぶやいた。

それでその場はおさまったけれど、後がいけなかった。家族はもちろん、前夜泊まりこんだ親戚の目が、いちように富田に注がれる。会社でも重要な地位を占めている男が、こともあろうに小便で客間を汚してしまった、という軽侮と嘲笑の眼差《まなざ》し。

しかし、富田は義父の名誉を守るため、と悲壮な決意で耐えに耐えた。そして三ヵ月、富田が出張で家を明けたとき、同じ場所に放尿してあった。その前夜、根本のおやじは妻の錫や長女のり、つまり富田の妻であるが、この二人を相手にして酒を呑み、談論風発、大いに盛り上がった。当然のごとく泥酔して、客間に露営した。

翌朝、バケツ、雑巾などを持ち出し、ひそかに戦線の処理に没頭するところを家族に発見されてしまった。もういやもおうもない。前回も根本おやじの仕業であることが判明したのである。

おかげで富田はのりに、

「あなた、ほんとにすみません。でも、よく辛抱したわね。見なおしちゃった」

と大いに感謝された。

ついでだから酒の話をもうひとつ。跡継ぎの軍四郎が結婚することになった。根本家には男の子供四人がいたけれど、長男、次男、三男と亡くなってしまい、四男の軍四郎が根本家を継ぐことになったわけだ。

さて、結婚式の前夜、お祝いと式の段取りを決めるため、親戚一統が鶴川の根本家に集合した。話し合いがすんで、いつもの通り酒となった。せつは、兄根本博と同じ血を引いているせいか、いけるくちだ。その日はおめでたい日とあっていつもの倍も呑み、相当にできあがっていた。富田もぐでんぐでん。この二人は、ほんとに些細なことから、口ゲンカをはじめてしまった。

酔っ払いに理論はない。筋の通らぬことをただわめくだけ。義理という字がつくけれど、叔母と甥の仲だけに始末が悪い。

こんな場合、並みの男なら本家のおやじ面してしゃしゃり出るものだが、根本の場合は馬耳東風、知らぬ顔の半兵衛をきめこんで、ひたすら盃を傾ける。

そして翌朝、根本のおやじは、子供のころ、おせつをおんぶして、しばしば小便をひっかけられた話を持ち出したりしてみんなを笑わせる。これで一件落着。この酔っ払い二人の口論に根はないと、根本おやじは見抜いていたようだ。それから二人は以前にも増して親密になった。

せつをおんぶしておしっこをひっかけられた話が出たが、またもそのついでに書くと、根本おやじは二度も客間で小便をした後、まだ後遺症が残っているだろうか。

水割など多量に呑めば、小便も近くなり、我慢ができなくなるのは当然であり、しかも酒で麻痺した神経では、床の間あたりと厠《かわや》の区別がつかなくなる。

したがって、酒を多量に呑んだ場合は、寝る前に厠へ行き、出るものはみんな出してしまえばいいわけだ。

朝ゆだんの夕かがみ。ちょっとした油断が大きな失敗を招くことに気づいたのである。それで酒を呑んだら、寝る前にかならず厠へ行くようになった。壁を伝ってでも厠へ向かう。

それもかなわぬときは家人が肩を貸す。それから床の間は濡れたことがない。
＊

昭和四十一（一九六六）年五月二十四日午後、根本は来客と対談中、「牛乳がほしい」と言い、のりが用意すると、これをうまそうに飲みほした。しばらくして、めまいがするというので、医師の往診を求め、注射したが反応を示さず、午後四時五十分、急逝した。まことにあっけないがさっぱりした死にざまである。七十四歳であった。

翌二十五日、天皇より祭祀料が下賜されることとなり、北海道から上京した「十根会」の杉浦正信が遺族代理として、厚生省援護局に出頭、拝受した。

二十六日、鶴川の自宅において告別式を行なったが、陸士、陸大の同期生、旧陸軍将官が参列したほか、中華民国駐日大使館武官が焼香。とくに台湾から蔣総統、何応欽上将ら多数の花環が飾られ、勲一等瑞宝章と愛用の軍刀に守られて町田市斎場に向かった。

「法幢院殿博文猛山勇将大居士」

これが戒名である。根本博は単なる猛山勇将大居士ではなかった。知、仁、勇、くわうるに庶民的な徳があった。近世まれな大人物というべきであろう。

あとがき

戦国時代から第二次世界大戦の終焉まで、戦略家と称するものは数多く輩出したが、彼らはほとんど勝ち戦さの戦略家だった。将兵の犠牲を代償に得た名称であるが、根本将軍の場合は、軍民の生命を守るための戦略だった。

昭和十九年初冬、関東軍第三軍司令官から駐蒙軍司令官に転出を命じられ、張家口に到着するや、ただちに雪の舞う蒙古草原を駆けめぐり、ソ連軍侵入路の予想を立てたのである。なにせ日本本土と同じ面積である内蒙古に、駐蒙軍はたったの二千五百名。そこで警備区域を縮小し、対ソ兵力の捻出を行なうこととし、綏遠省を国府軍の傅作義に譲るよう交渉し、了承を得た。

翌二十年の春には、列車、自動車を仕立て、万里の長城以北に住む在留邦人を内蒙の主都張家口に集結させた。敵侵入のさいはただちに引き揚げを行なうためである。

その年の八月九日、敵の侵入がはじまったが、案の定、根本将軍の作戦通りの進路であった。

そこで根本は、陣地を保持するため必要最小限の抵抗にとどめる。そのため陣地前における火力の発揚を避け、陣内に敵をとり込んで撃滅することを命じた。それはすべて駐蒙軍の兵力を敵に察知されないためと、犠牲を最少限に食いとめるためである。

敵はわが軍の十倍を越える兵力である。弱いとみれば一挙に攻撃を仕かけてくるだろう。その反対に相当数の兵力とみれば、増援部隊をくり出すは必至。だから休戦中は陣地内でひっそりとなりを静め、ときおり戦車隊がチラチラ見えかくれするだけ。ソ連兵の攻撃がはじまれば野砲で威嚇し、それでも陣地内に攻め込めば白兵戦に持ちこむ。

敵将ドロニジスキーは、兵力も装備もさっぱりわからない丸一陣地の撃滅だけにこだわって前進をやめてしまった。

敵を丸一陣地に引きつけるという根本将軍の作戦がみごとに的中したわけである。

終戦に関する詔勅がくだってからは、数次にわたり軍使を派遣した。軍使の交渉中と、その帰隊までは攻撃中止が戦場の掟であり、それを狙った時間稼ぎの戦法である。引き延ばし作戦の間に在留邦人を北京に後退させようと列車を準備してあるのに、公使は、

「現地に留まり得るものは、なるべく多く現地に残せと大東亜省の訓令があった」

と言い、引き揚げに反対であった。そこで根本将軍は、

「軍は張家口を放棄して退却するかも知れないが、その場合、邦人の生命、財産は公使に一任する」

と申し入れた。

官僚としての責任のがれから引き揚げ指令を出せないでいる公使に、「軍に迫られて引き揚げさせた」という口実をあたえてやるため打った大芝居である。

邦人引き揚げが完了し、部下将兵の撤退の見通しが立ったところで北支方面軍司令官に転出、北支の終戦処理に当たったが、かねてから親交のあった蔣介石総統に、

「東亜の平和は、わが国が日本と手を握ってゆく以外に道はない。貴下は至急帰国して日本再建のため努力してもらいたい」

といわれ、彼は、

「四十万の在留邦人と三十五万の将兵を残して先に帰ることはできません。また北支方面軍司令官として戦争責任を問われなければなりません」

とみずから進んで戦争責任を申し出ている。それから終戦処理の協議を重ね、軍民の無血引き揚げとなったのである。

七十五万の生命にかかわる重大な協議であるから、作戦が必要なことは言うまでもないが、彼の、「すべて私の責任である」という潔い態度と他人を思いやる温かい〝心〟が蔣総統の「以徳報怨」の思想とうまくかみ合ったものと思われる。

事実、彼は人間の〝心〟を大切にし、並みの戦略家のように、人の心を傷つけ、他人の生命を犠牲にしても、勝てばいい、という戦略の士ではなかった。戦闘の作戦から終戦処理にいたるまで幕僚および関係方面と相談、納得のうえ実行する方針を執《と》っていた。

北京から帰国後、蒋総統に協力を求められると、「日本人七十五万の生命を救ってくれた蒋氏に恩返しをせねばならぬ」と、家財道具を売って台湾への密航の費用に充《あ》てたのである。

彼は陸士時代、荒木貞夫教官から、「昼行燈」「暗闇の牛」といわれたらしい。戦略家と称される軍人は、とぎすましたカミソリのようで、切れものが多かったけれど、敗戦と聞いてただのナマクラに化けてしまった。ところが、昼行燈の彼は、敗戦の真っ暗闇でも人々の心を明るく照らしたのである。彼に他人を思う心があったればこそ、そのすぐれた戦略が将兵に支えられ、実行されたのであろう。

新聞記者時代、根本に会ったことのある私の親友、石黒吉之助は、そのときの印象をつぎのように語ってくれた。

「三十年も前のことで取材の目的がなんだったか思い出せないが、最初の印象は茫洋としてつかみどころのない人物だった。ところが、次第にその茫洋としたベールが消えて〝ケタはずれの大物〟という感じになった。その印象がものすごい力で私に迫ってくる。いまでもあのときのしびれるような感覚だけは覚えている。職業柄、各界の人にずいぶん会ったが、あんな印象はあの人だけである」と。

本書の執筆に当たり御協力をいただいた元関東軍作戦参謀・陸軍大佐草地貞吾、帰還軍人・引き揚げ者の会「曙会」主宰門脇朝秀の両氏に厚く御礼を申し上げる次第である。また曙会機関誌「祖国はるか」に掲載された根本博遺稿、富田民雄、辻田新太郎、起山立春、沖森収三、山本吉太郎、小泉名美男、赤座弥六郎、川島玲子各氏の寄稿文も参考、引用した。御礼を申し上げる。

昭和六十二年九月

小松茂朗

単行本　昭和六十二年十月「戦略将軍 根本博」改題　光人社刊
イラスト／加藤孝雄

NF文庫

四万人の邦人を救った将軍　新装版

二〇二三年十一月二十四日　第一刷発行

著　者　小松茂朗

発行者　皆川豪志
発行所　株式会社　潮書房光人新社
〒100-8077　東京都千代田区大手町一-七-二
電話／〇三-六二八一-九八九一(代)
印刷・製本　凸版印刷株式会社

ISBN978-4-7698-3288-1　C0195
http://www.kojinsha.co.jp

NF文庫

刊行のことば

第二次世界大戦の戦火が熄《や》んで五〇年——その間、小社は夥しい数の戦争の記録を渉猟し、発掘し、常に公正なる立場を貫いて書誌とし、大方の絶讃を博して今日に及ぶが、その源は、散華された世代への熱き思い入れであり、同時に、その記録を誌して平和の礎とし、後世に伝えんとするにある。

小社の出版物は、戦記、伝記、文学、エッセイ、写真集、その他、すでに一、〇〇〇点を越え、加えて戦後五〇年になんなんとするを契機として、「光人社NF（ノンフィクション）文庫」を創刊して、読者諸賢の熱烈要望におこたえする次第である。人生のバイブルとして、心弱きときの活性の糧《かて》として、散華の世代からの感動の肉声に、あなたもぜひ、耳を傾けて下さい。

＊潮書房光人新社が贈る勇気と感動を伝える人生のバイブル＊

NF文庫

海軍特攻隊の出撃記録
今井健嗣
特攻隊員の残した日記や遺書などの遺稿、その当時の戦闘詳報、戦時中の一般図書の記事、写真や各種データ等を元に分析する。

最強部隊入門 兵力の運用徹底研究
藤井久ほか
旧来の伝統戦法を打ち破り、決定的な戦術思想を生み出した恐るべき「無敵部隊」の条件。常に戦場を支配した強力部隊を詳解。

玉砕を禁ず 第七十一連隊第二大隊ルソン島に奮戦す
小川哲郎
昭和二十年一月、フィリピン・ルソン島の小さな丘陵地で、壮絶なる鉄量攻撃を浴びながら米軍をくい止めた、大盛部隊の死闘。

日本本土防空戦 B－29対日の丸戦闘機
渡辺洋二
第二次大戦末期、質も量も劣る対抗兵器をもって押し寄せる敵機群に立ち向かった日本軍将兵たち。防空戦の実情と経緯を辿る。

最後の海軍兵学校 昭和二〇年「岩国分校」の記録
菅原　完
配色濃い太平洋戦争末期の昭和二〇年四月、二度と故郷には帰らぬ覚悟で兵学校に入学した最後の三号生徒たちの日々をえがく。

最強兵器入門 戦場の主役徹底研究
野原茂ほか
米陸軍のP51、英海軍の戦艦キングジョージ五世級、ソ連陸軍の重戦車JS2など、数々の名作をとり上げ、最強の条件を示す。

＊潮書房光人新社が贈る勇気と感動を伝える人生のバイブル＊

NF文庫

満州崩壊
楳本捨三

昭和二十年八月からの記録

孤立した日本人が切り開いた復員までの道すじ。ソ連軍侵攻から国府・中共軍の内紛にいたる混沌とした満州の在留日本人の姿。

日本陸海軍の対戦車戦
佐山二郎

一瞬の好機に刺違え、敵戦車を破壊する！　敵戦車に肉薄し、跳び乗り、自爆または蹂躙された。必死の特別攻撃の実態を描く。

異色艦艇奮闘記
塩山策一ほか

艦艇修理に邁進した工作艦や無線操縦標的艦、捕鯨工船や漁船が転じた油槽船や特設監視艇など、裏方に徹した軍艦たちの戦い。

最後の撃墜王
碇　義朗

紫電改戦闘機隊長　菅野直の生涯

松山三四三空の若き伝説的エースの戦い。新鋭戦闘機紫電改を駆り、本土上空にくりひろげた比類なき空戦の日々を描く感動作。

ゲッベルスとナチ宣伝戦
広田厚司

一般市民を扇動する恐るべき野望

一万五〇〇〇人の職員を擁した世界最初にして、最大の『国民啓蒙宣伝省』——プロパガンダの怪物の正体と、その全貌を描く。

ドイツのジェット／ロケット機
野原　茂

大空を切り裂いて飛翔する最先端航空技術の結晶——その揺籃の時代から、試作・計画機にいたるまで、全てを網羅する決定版。

＊潮書房光人新社が贈る勇気と感動を伝える人生のバイブル＊

NF文庫

人道の将、樋口季一郎と木村昌福
将口泰浩

玉砕のアッツ島と撤退のキスカ島。なにが両島の運命を分けたのか。人道を貫いた陸海軍二人の指揮官を軸に、その実態を描く。

最後の関東軍
佐藤和正

満州領内に怒濤のごとく進入したソ連機甲部隊の猛攻にも屈せず一八日間に及ぶ死闘を重ね守りぬいた、精鋭国境守備隊の戦い。

終戦時宰相 鈴木貫太郎
小松茂朗

昭和天皇に信頼された海の武人の生涯 太平洋戦争の末期、推されて首相となり、戦争の終結に尽瘁し日本の平和と繁栄の礎を作った至誠一途、気骨の男の足跡を描く。

艦船の世界史
大内建二

歴史の流れに航跡を残した古今東西の60隻 船の存在が知られるようになってからの約四五〇〇年、様々な船の発達の様子、そこに隠された様々な人の動きや出来事を綴る。

特殊潜航艇海龍
白石 良

本土防衛の切り札として造られ軍機のベールに覆われていた最後の決戦兵器の全容。命をかけた搭乗員たちの苛烈な青春を描く。

証言・ミッドウェー海戦
橋本敏男ほか
田辺彌八

私は炎の海で戦い生還した！ 空母四隻喪失という信じられない戦いの渦中で、それぞれの司令官、艦長は、また搭乗員や一水兵はいかに行動し対処したのか。